Cómo lidiar con los ladrones del tiempo

Colección Pocket Mentor

La **Colección Pocket Mentor** ofrece soluciones inmediatas a los desafíos más comunes que afrontan los directivos en su trabajo cotidiano. Cada libro de la colección está repleto de herramientas prácticas, test de autoevaluación y ejemplos de la vida real que le ayudarán a identificar sus puntos fuertes y débiles, así como a desarrollar las destrezas más importantes. Tanto si se encuentra en su despacho, en una reunión o de viaje, estas guías le permitirán abordar las demandas diarias de su trabajo con diligencia, sabiduría y eficacia.

Títulos de la colección:

Liderar en tiempos difíciles
Cómo ser un negociador eficaz
Que tu trabajo no acabe contigo
El arte de las grandes decisiones
El trabajo de convertirse en jefe
Claves para el liderazgo eficaz
Tu jefe y tú, un gran equipo
Cómo lidiar con los ladrones del tiempo
El antídoto de las reuniones inútiles
Cómo poner en práctica la innovación

Cómo lidiar con los ladrones del tiempo

Control del tiempo

Harvard Business Review Press

Expansión

Título original: *Managing Time*

Printed in Spain – Impreso en España

ISBN: 978-84-9032-327-4

Depósito legal: B-20901-2012
Impreso en Novoprint, S. A.

R270547

Sumario

Mensaje de la mentora: «Saque el máximo provecho a su tiempo»

TODO EL MUNDO PARECE QUEJARSE por no tener suficiente tiempo. Es algo que siempre me llama la atención, porque el tiempo es algo fijo e invariable para todos. Entonces, ¿cuál es el problema? La realidad es que nos sentimos frustrados por una de estas dos razones:

- Porque creemos que no estamos cumpliendo con nuestras obligaciones.
- Porque creemos haber perdido el control.

Aunque esta guía no puede proporcionarle más horas a su día, sí puede ayudarle a cumplir sus objetivos y a sentir, en última instancia, que es usted quien controla la situación.

Dos son los conceptos clave en esta guía: optimizar el tiempo y gestionar el tiempo. La gente que sabe aprovechar al máximo su tiempo lo dedica a las cosas más importantes, a aquellas que le proporcionan el mayor rendimiento. Quienes optimizan el tiempo tienen claro cómo deben emplearlo y poseen un plan preciso para hacerlo. Por otro lado, la gestión del tiempo, algo sobre lo que la mayoría de nosotros ha leído o escuchado, tiene que ver con la disciplina y la resolución. Consiste en tener claro que se está cumpliendo realmente un plan.

Gestionar el tiempo es mucho más que hacer una lista de cosas pendientes y aprender a decir que no. Es una habilidad que requiere autoevaluación, planificación, disciplina y mejoras continuas. Porque incluso aquellos que se consideran expertos en el tema suelen descuidarse. De manera que esta guía le será de utilidad tanto si está comenzando a aprender a gestionar mejor su tiempo, como si está buscando un nuevo enfoque para utilizarlo de forma efectiva.

La guía que tiene entre manos le proporciona una serie de herramientas que le enseñarán a:

- comprender mejor la importancia de aprovechar el tiempo.
- evaluar la forma en que emplea las horas y descubrir oportunidades de mejora.

- desarrollar un plan para optimizar su tiempo que le permitirá acercarse a sus objetivos.
- comprender mejor cómo gestionar su tiempo, y en particular, cómo utilizar la técnica del *time-boxing*.
- obtener más conocimientos y consejos prácticos a través de las experiencias de otras personas que reconocen las limitaciones de tiempo y que han convertido en una búsqueda vital el aprovechamiento de este valioso recurso.

Cuanto más aprendemos, más competentes nos volvemos y más podemos disfrutar de nuestros logros y éxitos.

Buena suerte.

Melissa Raffoni, mentora

Melissa Raffoni es fundadora de Professional Skills Alliance. Con más de diez años de experiencia profesional, Raffoni ha trabajado con cientos de clientes, desde empresas de nueva creación a otras que forman parte de la lista Fortune 500, con una dedicación especial a los servicios de empresa a empresa. Antes de establecerse por su cuenta como consultora, Melissa desempeñó un papel relevante en la creación del área de consultoría sobre Change Performance de Oracle y en el Programa Eagles CEO Peer Group de *Inc. Magazine*. Es profesora de la Sloan School of Management en el MIT y ha publicado numerosos artículos en *Harvard Management Update*.

Control del tiempo: evaluación y plan

Cómo tener una visión de conjunto

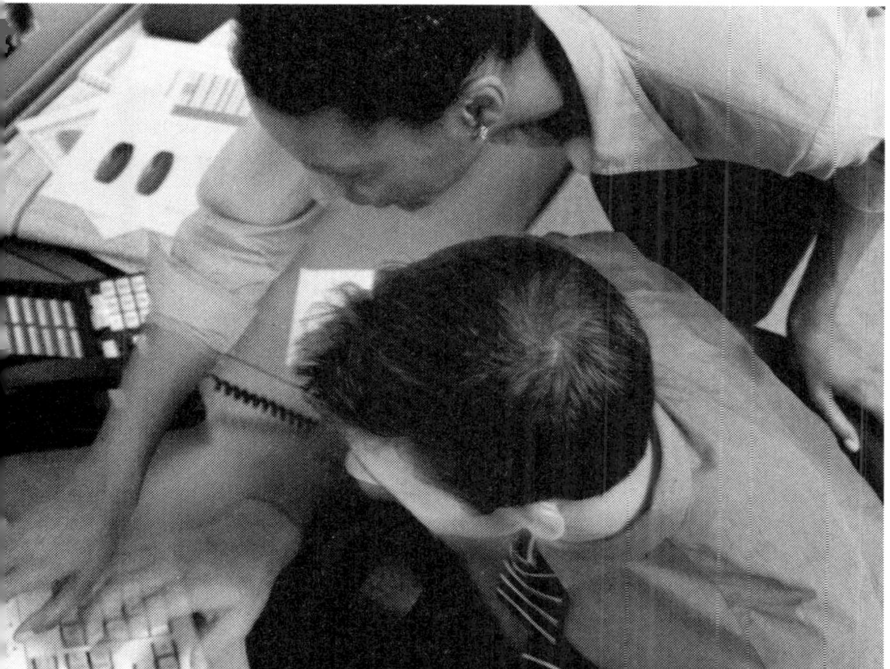

«¿Amas la vida? Entonces no desperdicies el tiempo porque es la sustancia de la que está hecha.»

Benjamin FRANKLIN

EL TIEMPO ES UN RECURSO que no podemos comprar ni vender, no podemos compartirlo con los demás ni pedirlo prestado. Todos nosotros disponemos al día de la misma cantidad de tiempo: 24 horas. Lo que marca la diferencia es lo que hacemos con él. Las personas que saben aprovecharlo al máximo pueden aplicar diferentes técnicas y sistemas, pero tienen en común una cosa: todos tienen una clara visión de cuáles son sus prioridades y de cómo quieren emplear su tiempo.

Pete Wakeman y su esposa, Laura, fundaron hace veinticinco años The Great Harvest Bread Company. Como empresarios, hubiera sido fácil dejar que el trabajo consumiera cada momento de su vida. Pero sabían cómo querían emplear su tiempo y cuáles eran sus prioridades, y dejaron claro desde el principio que no trabajarían los fines de semana y que se tomarían vacaciones cada año.

«Cuando creamos la empresa establecimos algunas reglas sencillas que cumplíamos religiosamente. Una era respe-

tar los fines de semana de dos días. Pasara lo que pasase, nunca la infringimos; era una línea que temíamos cruzar, como si nos fuera a caer un rayo en caso de incumplirla.»

Pete WAKEMAN, propietario de
The Great Harvest Bread Company

Desde entonces, la empresa Great Harvest Bread Company ha ido creciendo hasta convertirse en una cadena de 137 franquicias. La prioridad dada al tiempo personal permitió que Pete y Laura hicieran crecer su negocio de manera muy consciente. Para ser una pareja de empresarios de éxito, pasan gran parte del año fuera del trabajo. Todo lo hacen prestando una rigurosa atención al aprovechamiento del tiempo.

«Realmente nos gusta que las cosas estén bien delimitadas. Utilizamos tarjetas de registro horario y fichamos para entrar y salir con un margen de cinco minutos. Sabemos cuándo estamos trabajando [...] Tengo una hoja Excel y cada año decidimos conscientemente cuántas horas vamos a trabajar [...] En 1996 decidimos hacer 1.000 horas cada uno, básicamente redujimos a la mitad el tiempo de trabajo [...] Aparte de nuestra regla de las 1.000 horas, modificamos nuestra agenda cuando lo creemos conveniente.»

Pete WAKEMAN

OPTIMIZACIÓN DEL TIEMPO 1: emplear el tiempo sabiamente en actividades orientadas a conseguir sus objetivos. **2:** proceso de evaluar y planificar cómo utilizar el tiempo para alcanzar sus metas.

¿Cuál es el beneficio de optimizar el tiempo?

Sea cual sea su prioridad —ya sea su vida personal, como en el caso de Pete y Laura, u otro objetivo, como incrementar las ventas, desarrollar un nuevo producto, escribir un plan de negocio o terminar un proyecto—, optimizar el tiempo le ayudará a lograrlo.

¿Cuál es la diferencia entre optimizar su tiempo y gestionarlo? Optimizar el tiempo es una estrategia para utilizarlo de manera inteligente a fin de alcanzar sus objetivos más importantes. Gestionar el tiempo es el proceso cotidiano que llevamos a cabo para aprovecharlo al máximo: programar actividades, hacer una lista de cosas pendientes, delegar tareas, etc. Sin la estrategia —la visión de conjunto y el plan— gestionar el tiempo no le ayudará necesariamente a alcanzar sus metas.

Ésa es la razón por la que el primer paso para optimizar el tiempo es aclarar las prioridades.

¿Por qué hacemos lo que hacemos?

La mayoría de nosotros tenemos agendas marcadas, cumplimos con las fechas límite y realizamos las tareas diarias. Pero ¿por qué?, ¿por qué hacemos las cosas que hacemos?, ¿cómo nos acercan nuestras actividades y logros a nuestros objetivos profesionales y personales? Trate de responder a estas preguntas:

- ¿Está utilizando su tiempo para realizar las cosas que realmente quiere?
- ¿Está simplemente haciendo ajustes sobre la marcha?
- ¿Avanza, aunque de forma lenta e incierta?

Si no está utilizando el tiempo para alcanzar sus objetivos prioritarios, ha llegado el momento de cambiar.

Tener una visión global estratégica

Optimizar el tiempo significa examinar estratégicamente a qué dedica uno las horas. De ese modo nos aseguramos de que las estamos empleando de la forma correcta y en las cosas que son importantes. Significa asignar el tiempo a objetivos concretos para obtener el mayor rendimiento del mismo.

Por ejemplo:

- ¿Saca más provecho haciendo el trabajo usted mismo o formando a un equipo para que lo haga?
- ¿Le resulta más provechoso leer manuales para aprender nuevas competencias o realizar unas cuantas sesiones de aprendizaje intensivas y estructuradas?
- ¿Obtiene mejores resultados de su equipo con una política de puertas abiertas u ofreciendo apoyo para que el equipo encuentre soluciones?

En pocas palabras, para evitar tener que «hacer ajustes sobre la marcha» asegúrese de estar aprovechando su tiempo de manera adecuada.

Cómo auditar su tiempo

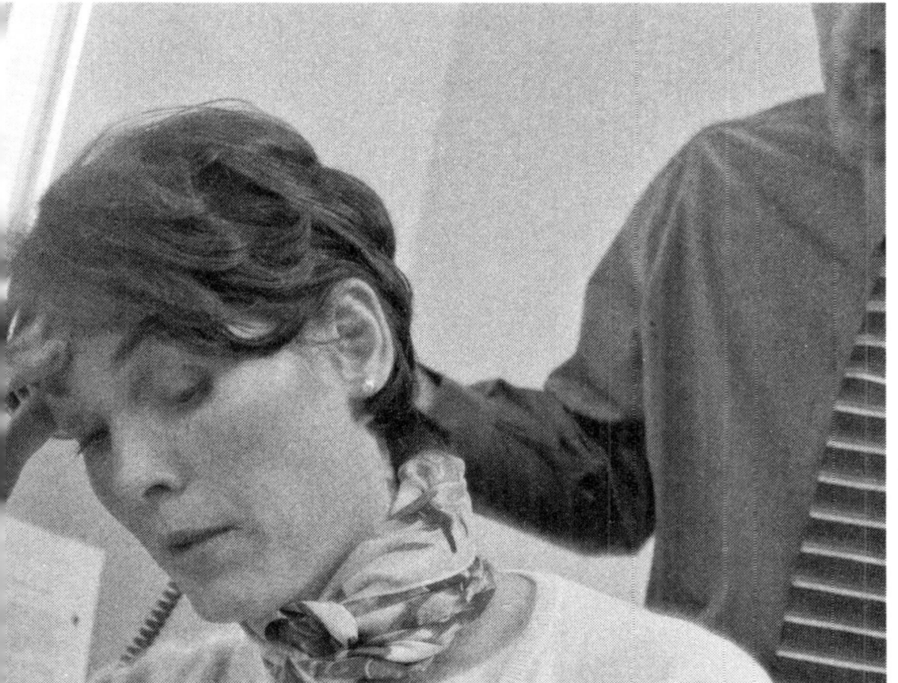

IDEALMENTE, TODO LO QUE HACE debería ser útil para hacerle avanzar activamente hacia sus metas profesionales o personales, hacia aquello que *usted* quiere alcanzar. Nadie más puede tomar esas decisiones. Es usted quien debe decidir qué es lo realmente importante.

Desarrolle una visión global de lo que quiere lograr

En este apartado aprenderá a realizar una auditoría de gestión del tiempo y a crear un diagrama circular de asignación de tiempo actual y un gráfico de asignación de tiempo por objetivos.

La primera fase para optimizar su tiempo consiste en evaluar cómo lo está empleando en la actualidad. Aunque realizar una auditoría de tiempo pueda parecer algo gratuito, en realidad se trata de un primer paso importante para optimizarlo. Saber lo que está haciendo le ayudará a crear una visión de dónde quiere llegar y podrá determinar si está realmente relacionado con aquello que desea. Sus metas le resultarán más claras al examinar a qué está dedicando las horas en este momento.

Divida su trabajo en categorías relacionadas con sus objetivos

He aquí algunas categorías típicas en las que la mayoría de los directivos emplean su tiempo. Tal vez las suyas difieran de éstas, pero el proceso general para identificarlas sigue siendo el mismo.

- **Crecimiento y mejora:** Esta categoría se centra en *oportunidades*, no en crisis. Se trata, tal vez, de la categoría en la que el valor añadido que usted aporta a su unidad de negocio o a su empresa es mayor. Para un director de producto, es el tiempo dedicado a la innovación; para un director de operaciones, el empleado en mejorar los procesos; y para un alto ejecutivo, el dedicado a diseñar estrategias.
- **Gestión de personas.** Puede que desee desglosar este apartado en metas más pequeñas:

1) Gestionar a los superiores.
2) Gestionar a sus homólogos.
3) Gestionar a los subordinados.

El *coaching* y el *mentoring* de los subordinados le permiten aprovechar mejor su tiempo, pero también necesita cultivar las relaciones con sus homólogos y con los jefes para triunfar profesionalmente. Los líderes eficaces comprenden que las horas dedicadas a cultivar relaciones con sus pares y superiores están muy bien invertidas ya que le pueden ayudar a avanzar hacia sus objetivos.

- **Responsabilidades generales.** La mayoría de los ejecutivos tienen responsabilidades cotidianas que van más allá de gestionar personas. Para un director de proyecto, esto equivale a hacer el seguimiento de agendas y presupuestos y a tratar con los proveedores. Para un arquitecto, puede ser el diseño de un edificio. Para un desarrollador de software, puede significar escribir un código o comprobar el de los demás. Sea cual sea su trabajo, se trata de actividades cotidianas y corrientes que pueden ser definidas como habituales.
- **Administración.** La administración incluye tareas tan necesarias como evaluar las necesidades de recursos de su departamento, entrevistar a candidatos para un trabajo, responder cartas y correos electrónicos, rellenar partes de horas trabajadas e informes de gastos y escribir evaluaciones de desempeño. Ésta es la categoría que más sorprende a la gente cuando llevan a cabo su auditoría de tiempo. Las tareas administrativas suelen consumir muchas más horas de las que pensamos.

¿Qué haría usted?

La casa de los horrores

DANIEL EXPERIMENTABA cierto vértigo después de haber sido ascendido. Sabía que sus nuevas responsabilidades iban a suponer un reto para él, pero no esperaba perder el control de ese modo. Se pasaba el día yendo de un lado para otro en la empresa, allí donde se requería su presencia, reuniéndose continuamente con su jefe, sus colegas y sus subordinados, hasta que su cabeza comenzó a dar vueltas. Sobre su mesa, el trabajo no dejaba de acumularse. Y cada vez que se disponía a resolver asuntos pendientes, alguien le requería con urgencia, el teléfono empezaba a sonar, aparecía un correo electrónico en su pantalla o tenía que asistir a otra reunión.

Una noche se quedó solo en su oficina. Sin gente. Sin teléfono. Sin correos electrónicos. Sólo Daniel y la gran pila de trabajo pendiente. Ni siquiera sabía por dónde comenzar. ¿Por arriba? Tal vez fuera lo más importante. ¿Por abajo? Era lo que llevaba más días esperando. Daniel lanzó un suspiro. ¿Cómo había llegado a esa situación? Había sido un trabajador modélico, todo lo hacía bien y de manera eficaz, y disfrutaba de su trabajo. ¿Por qué había perdido el control ahora que era directivo? ¿Cómo podía saber qué temas eran prioritarios? ¿Cómo podría recuperar la gestión de su tiempo?

¿Qué haría usted? La mentora sugerirá una solución en el apartado «Lo que usted podría hacer».

Audite su tiempo durante una semana

Examine atentamente y registre los minutos que dedica a cada actividad durante una semana. La evaluación del empleo del tiempo durante siete días le dará una visión real de cómo lo utiliza. Hacer el seguimiento de las horas durante una semana no es difícil y los resultados suelen ser sorprendentes.

«La última vez que llevé un registro, me sorprendí al darme cuenta de que cuando estoy en la oficina paso casi la mitad del día al teléfono, ya sea recibiendo llamadas o dejando mensajes a personas que no están.»

Elaine BIECH,
The Consultant's Quick Start Guide

Céntrese en las actividades más importantes. En lugar de abarcar todas las actividades, tal vez prefiera realizar un registro sobre una sola categoría que sea importante para usted.

Por ejemplo, Beth Chapman, directora de contrataciones de un grupo de servicios de consultoría sanitarios, estaba segura de que dedicaba demasiadas horas a tareas administrativas, de modo que realizó un registro de esa actividad durante una semana.

«Como viajo mucho, tengo que hacer muchos informes de gastos. Llevé un registro muy preciso de cada minuto dedicado a hacer este tipo de informes. Al final de la semana comprobé que había dedicado cuatro horas a hacer informes de gastos, ¡es decir, medio día! Cuando vi las cifras, me quedé sorprendida. Luego informé a mi supervisor de que era mucho más valioso para la empresa invertir ese medio día a la semana en nuestros clientes que en rellenar informes de gastos.»

Beth Chapman,
Directora de contrataciones

Audite su tiempo *personal* así como el laboral. La gestión del tiempo es una valiosa herramienta que, además de permitirle trabajar de manera más eficaz y hacer más cosas, le puede ayudar a llevar una vida más equilibrada. Para tener una visión completa, registre en un gráfico aparte aquellas actividades que realiza fuera del trabajo.

Optimice su tiempo para poder vivir como desea. Por ejemplo, cuando Elisabeth Choi, analista financiera y madre de dos niños pequeños, decidió reducir su semana laboral de 40 a 30 horas, descubrió que una agenda programada le ayudaba a poder hacer todo lo que quería.

«Quieres ver crecer a tus hijos, hacer yoga, hacer ejercicio y trabajar en el jardín. Cuando reduje mi jornada, empecé a utilizar una agenda fija. Por ejemplo, todos los martes por la mañana voy a hacer la compra. El supermercado está vacío en ese momento, así que tardo menos en comprar. También descubrí lo que tardaba en hacer las cosas. Una vez que controlas lo que tienes que hacer y cuánto tardas en hacerlo, el resto es tiempo libre.

Cuanto mejor te organices, de más horas dispondrás para hacer todo aquello que quieres. Al fin y al cabo, por eso decidí no trabajar a jornada completa.»

Elisabeth Choi,
Analista financiera

Pasos para auditar su tiempo

Para registrar el tiempo que pasa en el trabajo:

1. Cree un gráfico como el que aparece en la siguiente página. Enumere por filas los días de la semana. En la parte superior de las columnas, enumere las categorías de actividades que realiza semanalmente.
2. Después de llevar a cabo una actividad, registre el tiempo que le ha dedicado. Por ejemplo, después de una llamada de ventas de una hora, introduzca los minutos que ha durado en la categoría «ventas».
3. Al final del día, y al final de la semana, añada el total de horas dedicadas a cada actividad.
4. Analice su registro. Divida los minutos dedicados a cada tarea por el tiempo total pasado en el trabajo. Convierta esas cifras en porcentajes, tal como se indica más abajo.
5. Haga un diagrama circular que muestre visualmente a qué ha dedicado más horas durante esa semana.
6. Después de examinar los resultados de su auditoría, pregúntese: «¿Es así como quiero emplear mi tiempo?».

El gráfico de la página siguiente («Herramienta de auditoría de gestión del tiempo») muestra los resultados de una auditoría de tiempo, incluido el desglose en porcentajes que aparece en la fila inferior.

Etapas de una auditoría de tiempo

HERRAMIENTA DE AUDITORÍA DE GESTIÓN DEL TIEMPO

Semana del: (04/02)	**Actividad:** Ventas	**Actividad:** Gestión de clientes	**Actividad:** Gestión de equipos	**Actividad:** Planificación estratégica	**Actividad:** Gestión de la gerencia	**Actividad:** Administración	**Total Tiempo/día:**
Lunes	2 h	1 h	3 h	0 h	0 h	2 h	8 h
Martes	3	1	4	0	0	2	10
Miércoles	7	0	0	0	1	2	10
Jueves	0	3	3	0	0	2	8
Viernes	1	2	0	3	1	2	9
Tiempo total/ Actividad	**13 h**	**7 h**	**10 h**	**3 h**	**2 h**	**10 h**	**44 h**
% de tiempo	**29%**	**16%**	**22%**	**7%**	**4%**	**22%**	**100%**

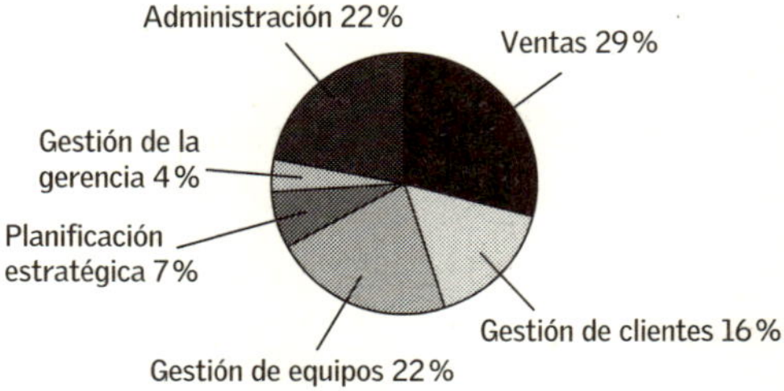

CONSEJO: Utilice una agenda tradicional o una agenda electrónica de bolsillo, lo que le resulte más cómodo.

Lo que usted podría hacer

Volvamos al problema de Daniel

La mentora sugiere esta solución:

La sensación de vértigo que Daniel está experimentando suele acompañar a todo ascenso profesional. Pero puede recuperar el control si aplica estas tres medidas:

1. Daniel tiene que disminuir el ritmo de trabajo y comenzar a pensar en optimizar y gestionar su tiempo. En primer lugar, necesita determinar lo que conlleva su nuevo puesto y dividir sus responsabilidades en objetivos concretos. Una vez que éstos estén claros, puede establecer cuáles son sus prioridades en cada área. Tal vez necesite pedirle a su supervisor que defina sus expectativas, para poder establecer qué es prioritario y qué no lo es.

2. Una vez que Daniel sea consciente de cómo debe emplear su tiempo, puede comenzar a evaluar si ahora lo está haciendo bien. Para ello, debería llevar un registro para determinar qué tareas le están haciendo perder el control. Esto le ayudará también a calcular cuántas horas dedica a cada tarea, lo cual le permitirá planificar con más precisión en el futuro. Con la información obtenida, Daniel puede pedirle a su superior que redefina su rol o conseguir la ayuda que necesita, ya sea contratando a un asistente o delegando tareas en otros.

Probablemente, Daniel también tendrá que empezar a ser más disciplinado a la hora de compartir su tiempo. Si él es respetuoso, descubrirá que los demás también lo son.

3. En cuanto a esa pila de papeles, lo primero que tiene que hacer Daniel es echarle una ojeada y organizar el material en tres montones más pequeños (y más manejables):

    - Imprescindible (es decir, cumplir un plazo o satisfacer los requerimientos de una persona importante).
    - Puede esperar.
    - Fácil de despachar.

Puede empezar con la pila de lo imprescindible. Luego, para animarse, puede seguir con la pila de los asuntos fáciles de despachar para que el trabajo pendiente deje de tener un volumen abrumador. Una vez despachados esos dos montones de trabajo, cuando disponga de algunos ratos libres podrá dedicarse a lo que puede esperar.

Compare los resultados de su auditoría con sus objetivos

Una vez que sepa cómo emplea su tiempo, revise los gráficos de la auditoría con su superior. Si se espera de usted que dirija el proceso de planificación, pero actualmente está empleando el 80 % de su jornada laboral en supervisar el trabajo de otros, su registro le ayudará a preparar el terreno para poder mantener una conversación objetiva y provechosa acerca de su rol en la empresa y las tareas que debe realizar.

Cómo desarrollar su plan

HA IDENTIFICADO YA cuáles son sus objetivos más importantes, las actividades clave y las tareas asociadas a ellos. Ahora debe asegurarse de que su plan es realista y viable. Describa todas sus tareas y actividades prioritarias y asígneles un porcentaje de su tiempo. ¿Cómo se traduce este porcentaje en horas reales? ¿Puede realizar las tareas en un período de tiempo determinado? (Véase la tabla «Herramienta para planificar la optimización del tiempo», en la siguiente página.)

También puede utilizar un diagrama circular que muestre rápidamente a qué categoría debería dedicar la mayor parte de sus horas y atención.

Una vez que haya creado el diagrama circular «Asignación de tiempo real» (véase figura 1), compárelo con su gráfico de «Asignación de tiempo por objetivos» (véase figura 2). ¿En qué se diferencian? ¿Qué conclusiones puede sacar?

«Auditar su tiempo es importante porque le ayuda a saber a qué tareas debe dedicar sus horas y por qué. Pero tiene que tener una actitud decidida. No puede ir a ver a su jefe, exponerle el problema y esperar que él haga algo al respecto. Tiene que presentarle una forma realista de solucionar el problema, e insistir para conseguir los recursos necesarios. La auditoría de tiempo y saber adónde quiere llegar son herramientas que le ayudarán a alcanzar su objetivo.»

Beth CHAPMAN

HERRAMIENTA PARA PLANIFICAR LA OPTIMIZACIÓN DEL TIEMPO

Semana

Categoría relacionada con el objetivo	¿En qué consiste el éxito? ¿Cómo sabré que lo estoy haciendo bien?	% de tiempo requerido	Horas/ Semana laboral	Actividades clave
Ventas	Cerrar tres nuevas cuentas al mes	30%	12	- Hacer dos llamadas de ventas a la semana - Buscar nuevas oportunidades - Escribir informes de ventas - Presentar ofertas
Gestión de clientes	Garantizar una transición sin problemas de ventas a producción	10%	4	- Asistir a reuniones de preparación de un proyecto - Hacer el seguimiento con llamadas telefónicas
Gestión de equipos	- Asignar tiempo para reunirse con el personal - Planificar un programa de formación para nuevos empleados	20%	8	- Reuniones semanales de una hora con cada representante. Dos reuniones semanales con el equipo - Contactar con recursos humanos para hablar de la formación de nuevos empleados
Planificación estratégica	Desarrollar nueva estrategia anual	20%	8	- Diseñar el plan - Revisar el plan con Joe
Gestión de la gerencia	- Mantener informado al director ejecutivo - Saber la opinión de la alta dirección sobre el plan estratégico	5%	2	- Establecer una cita con el director ejecutivo - Acordar dos reuniones con la alta dirección
Administración	Informes de gastos, correos electrónicos, etc.	5%	2	- Gestionar el correo electrónico - Revisar informes de gastos - Procesar facturas
Otros	Tiempo para imprevistos	10%	4	
		100%	40	

Sea realista con las asignaciones de tiempo real y por objetivos

Cuando examine el tiempo que realmente necesita para alcanzar sus objetivos, puede que llegue a la conclusión de que debería trabajar 150 horas semanales. Todos necesitamos más tiempo. Pero como el día sólo tiene 24 horas, la única solución es utilizarlas de manera más eficaz.

FIGURA 1

Asignacion de tiempo real

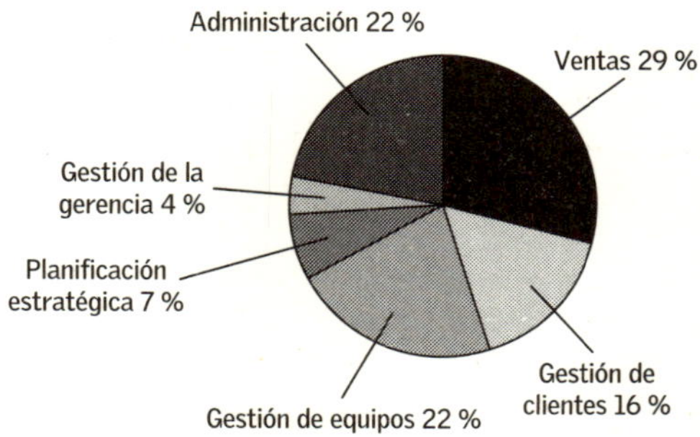

FIGURA 2

Asignacion de tiempo por objetivos

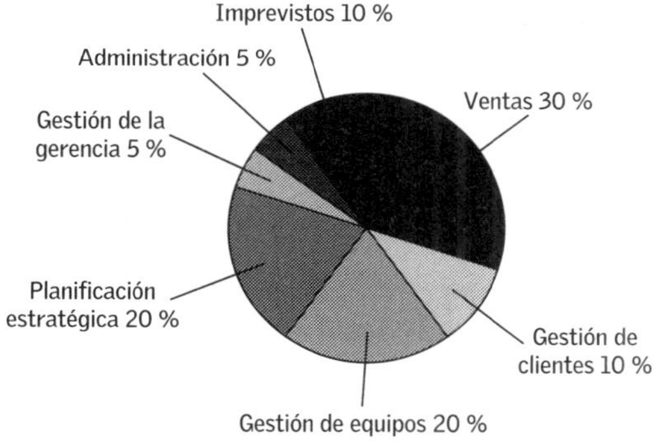

Una manera de conseguir el tiempo que necesita para alcanzar sus objetivos es reducir el que dedica a otras actividades. Pero ¿cómo hacerlo?

Consejo: Adopte una actitud decidida. Si tiene datos de cómo está empleando su tiempo y una visión clara de sus objetivos, podrá asumir el control de su carrera profesional.

Si ha hecho una auditoría del tiempo dedicado a sus actividades de menor prioridad, probablemente será consciente de aquellas a las que desea dedicar menos horas. Compare ahora el tiempo real que emplea cada semana en sus actividades con el que cree que debería dedicarles para tener una idea más concreta de las áreas en las que se está excediendo y de aquellas a las que no les presta la atención que merecen.

Por ejemplo, digamos que desea reducir en un 15 % el tiempo que dedica a tareas administrativas —para emplearlo, por ejemplo, en planificación estratégica o en gestiones con la gerencia—. Para la mayoría de los ejecutivos, eso puede que no tenga consecuencias importantes a corto plazo, pero cualquier medida que adopte en ese sentido le ayudará a conseguir sus objetivos.

«Llevo haciendo listas desde el instituto. Ahora las hago para programarme la semana y para ello me imprimo un calendario de Outlook semanal. Hago listas de las tareas que deseo realizar durante esa semana —llamadas telefónicas, proyectos y demás— y trato de calcular cuánto tardaré en hacerlas. Al final de la semana, he conseguido hacer un montón de cosas.»

Elisabeth Choi

Cómo gestionar su tiempo: implementar

OPTIMIZAR SU TIEMPO exige dedicación y persistencia, pero obtendrá la recompensa cuando finalmente tenga un plan y lo lleve a la práctica. Las actividades clave de su plan de optimización del tiempo se convierten en la lista de cosas pendientes, primer paso para hacer su plan realidad. Algunas personas pueden comenzar con un plan ambicioso en el que incluyan todas sus metas importantes. Otras se sentirán más cómodas y satisfechas si se centran exclusivamente en un único objetivo importante. Sea cual sea su opción, debe hacerse un plan y esforzarse por cumplirlo. ¿Cómo lograrlo? Pruebe con la técnica del *time-boxing*.

Programe una agenda realista

La técnica del *time-boxing* es un potente método de programación del tiempo, que le puede ayudar a fijar las actividades del día. Teniendo presente la asignación de tiempo realizada y la lista de tareas que debe ejecutar, podrá empezar a gestionar las horas de que dispone de acuerdo con una agenda manejable como la que mostramos en la página 49. Sea generoso en el cálculo ya que se suele tener más tendencia a subestimar que a sobrestimar la duración de una tarea. En otras palabras, concédase tiempo extra no programado para hacer frente a los imprevistos.

Cómo utilizar la técnica del *time-boxing*

El *time-boxing* es un proceso iterativo que le ayudará a configurar su agenda para alcanzar los objetivos deseados.

Confeccione una lista de cosas pendientes. Decida lo que quiere lograr, y luego haga una lista de tareas. Escriba en ella todo lo que quiere hacer en un período determinado: un día, una semana, un mes o un trimestre. La lista de cosas por hacer puede incluir metas, tareas necesarias para alcanzarlas y actividades personales, como por ejemplo hacer ejercicio.

Desglose su lista en categorías. Organice su lista por categorías. Agrupe sus tareas de acuerdo con las funciones de su trabajo, tales como estrategia, desarrollo de negocio, operaciones cotidianas y gestión de personas. (Recuerde: la técnica del *time-boxing* puede aplicarse también a su vida personal: divida su lista de tareas personales en categorías tales como jardinería, jugar al golf o cocinar.)

Registre su tiempo. Durante una semana, lleve un registro de las tareas que realiza y de los minutos que dedica a cada una de ellas. Haga un seguimiento tanto de los trabajos que acaba como de los que no termina. Al final de la semana, repase su registro para ver si está empleando el tiempo en lo que usted considera importante.

Aumente su capacidad de calcular los tiempos. Si no establece parámetros para el tiempo que debe dedicar a cada tarea, las listas de quehaceres pendientes apenas serán útiles. Calcule cuántos minutos u horas cree que deberá dedicar a cada entrada de la lista. Aprender a hacer una previsión real del tiempo necesario para realizar las tareas no sólo le ayudará a cumplir sus objetivos; en el futuro también le permitirá mejorar su capacidad para calcular tiempos y gestionar las expectativas de quienes le rodean. Piense atentamente en todos los pasos necesarios para completar la tarea; haga un cálculo realista. Se trata de la etapa «Ser sincero», dice Beran Peter, director ejecutivo de Arkoa, una empresa de servicios de formación técnica de Westborough, Massachussets: «Si me doy cuenta de que no voy a poder cumplir mi previsión, soy capaz de discernir por qué y evaluar cómo podría hacer un cambio para reconducir el asunto».

Consejo: Incluya tiempo para delegar tareas y céntrese en las cosas importantes.

Consejo: Recuerde que ninguno de estos cambios se producirá de la noche a la mañana, pero sin una visión clara de lo que quiere conseguir, jamás llegarán a realizarse.

¿Qué haría usted?

Improvisar sobre la marcha

MARISOL REPASÓ SU LISTA de cosas por hacer, punto por punto. Marcaba con rotulador aquellas que ya había resuelto. Cada nueva marca significaba una tarea menos por hacer. Luego copió las tareas pendientes en una nueva lista.

Cosas pendientes

- Escribir un informe para la próxima semana.
- Contratar una nueva persona que reemplace a Toni.
- Reunirme con Marcos para preparar el presupuesto para la propuesta de Lorenzo.

Se quedó consternada. ¡Eran los temas más importantes! ¿Qué había estado haciendo toda la semana cuando lo importante era terminar esas tareas? Miró la agenda. El día anterior había asistido a una reunión con Toni en la que realmente su asistencia no era imprescindible. Luego pasó el resto de la mañana con Sandra hablando del suministro de material de oficina.

También se reunió con Rosa para ayudarla con sus informes de ventas. Eso le ocupó la mayor parte de la tarde. Había hecho todo lo que se suponía que debía hacer para emplear mejor su tiempo —redactar una lista de tareas pendientes, hacer calendarios, filtrar llamadas y devolverlas inmediatamente— y ahora todo el mundo se iba a casa y ella ni siquiera había empezado.

¿Para qué había servido toda su cuidadosa gestión del tiempo cuando seguía estando desbordada de trabajo?

¿Qué haría usted? La mentora sugerirá una solución en el apartado «Lo que usted podría hacer».

Concédase cierto margen de maniobra. Asigne una cantidad adecuada de tiempo en su agenda a cada punto de la lista. Por ejemplo, si calcula que tardará 32 horas en escribir un plan de negocio, reserve cuatro horas cada martes y jueves por la mañana durante las próximas cuatro semanas. Lo difícil, evidentemente, es establecer prioridades y asignar el tiempo de manera correcta. Pero no olvide concederse cierto margen. Es preferible calcular de más que de menos. Los cambios son inevitables y tal vez tenga que realizar alguna tarea extra con la que no contaba.

Mientras practica, siga comparando el tiempo estimado con el real y haga los ajustes necesarios. Su objetivo es gestionar sus actividades cotidianas teniendo siempre en mente la asignación de su tiempo global (véase la tabla «Herramienta del *time-boxing*»).

HERRAMIENTA DEL *TIME-BOXING*		
Se puede adaptar a cualquier tipo de agenda o programa de software **Agenda para las mañanas de los lunes y martes**		
Hora	**Lunes**	**Martes**
8 a.m.	Tarea: Estudiar plan estratégico. Tiempo real dedicado:	Tarea: Estudiar actualizaciones de programas; llamar a Juan. Tiempo real dedicado:
9 a.m.	Tarea: Reunión de los lunes con el personal. Tiempo real dedicado:	Tarea: Estudiar nuevas propuestas. Tiempo real dedicado:
10 a.m.	Tarea: Planificar delegación de la facturación. Tiempo real dedicado:	Tarea: Reunirme con Juan para revisar sus cifras de ventas. Tarea: Revisar currículo para el puesto de ayudante administrativo. Tiempo real dedicado:
11 a.m.	Tarea: Devolver llamadas y responder correos electrónicos. Tiempo real dedicado:	Tarea: Trabajar con Elena. Tiempo real dedicado:

«Cuando quiero hacer algo importante que no tiene la urgencia de, por ejemplo, un inminente lanzamiento de producto, me digo a mí mismo que le voy a dedicar solamente media hora cada día. Lo hago así porque de lo contrario se convertiría en una emergencia. De esta manera cada semana puedo comprobar en mi agenda electrónica si estoy dedicando tiempo suficiente a temas importantes a largo plazo. Los pongo en la lista y les asigno algunos minutos —cada mañana de 9 a 9.30— para trabajar en uno de ellos. Es como practicar con el violín.»

Michael Rothman,
Desarrollador de software

Consejo: ¿Por qué conviene practicar el *time-boxing?*

- Obliga a planificar detenidamente las actividades cotidianas y a programar el tiempo necesario para llevarlas a cabo.
- Proporciona un marco para establecer expectativas y límites. Si su agenda está llena, tendrá que decir que no o volver a evaluar minuciosamente sus prioridades.
- Mejora su capacidad para calcular los tiempos que necesita para realizar las tareas.

La capacidad para calcular cuánto va a tardar en efectuar una tarea es una competencia que distingue a los ejecutivos más curtidos.

- Permite estar en una mejor posición para evaluar iniciativas improductivas que consumen demasiado tiempo y, llegado el momento, ponerles fin.

Lo que usted podría hacer

Volvamos al problema de Marisol

La mentora sugiere esta solución:

El problema de Marisol no es infrecuente. Su origen podría deberse a un cúmulo de factores como no calcular la cantidad correcta de tiempo necesario para terminar las tareas, dejar para más adelante las que son más importantes y optar por las que se terminan más rápidamente o la incapacidad de decir no a la gente que requiere su atención.

Aunque Marisol debería esforzarse por descubrir la causa de su problema, lo primero que debería hacer sería perfeccionar un poco más sus listas de cosas por hacer y comenzar a practicar el *time-boxing* para delimitar sus prioridades. A cada una de las tareas de su lista debe asignarle el tiempo que calcula que necesitará para completarla. Luego, puede asignar ese tiempo como plazo perentorio en su agenda (preferiblemente en una herramienta visual que los demás puedan ver).

Una vez completado este proceso, necesita entrenarse para gestionar la parte de la ecuación relacionada con la gente. Cuando alguien la requiera, tiene que saber encontrar la manera de decirle que su tiempo ya está comprometido. También puede asignar en su agenda algunos ratos al día para que los demás puedan disponer de ella en los plazos ya programados. Con flexibilidad y persistencia, la práctica del *time-boxing* le proporcionará importantes beneficios.

Cómo gestionar su tiempo

OPTIMIZAR SU TIEMPO exige el compromiso de utilizar su recurso más valioso para alcanzar sus objetivos. Usted decide si incluir todo o trabajar en un aspecto cada vez. Pero para optimizar su tiempo debe tener un plan y ser persistente. Y de eso se encarga la gestión del tiempo.

Controle y evalúe su agenda

A medida que delega tareas, debería dedicar más ratos a los objetivos fijados. Una forma de evaluar sus progresos es utilizar la lista de control de la página 56.

Su agenda le ofrece mucha información. Eche un vistazo a sus respuestas «a veces» y «nunca». Pregúntese por qué no está progresando como le gustaría. ¿Es realista su programación? ¿Son realistas sus propias expectativas? ¿Y las expectativas de los demás? ¿Qué es lo que le está haciendo incumplir sus planes?

Ahora examine las respuestas «siempre» y «a menudo». ¿Cómo puede aprovechar sus progresos para mejorar en otras áreas?

- ¿Considera que ahora está mejor preparado y más centrado?
- ¿Puede introducir ajustes razonables en sus estimaciones de tiempo?
- ¿Está haciendo progresos mensurables para alcanzar sus metas?
- ¿Está programando demasiadas actividades?

Consejo: No pierda de vista sus objetivos. Concéntrese en tareas que estén relacionadas con ellos. Si es miembro de un equipo, no se comprometa con una tarea que se aleje completamente de sus metas. Aprenda a decir no, de una manera diplomática, a proyectos que no sean prioritarios.

Delegar las actividades no prioritarias

Los ejecutivos suelen tener miedo de delegar, aunque cuenten con los recursos para hacerlo. Muchos de ellos se resisten a no supervisar personalmente las tareas que han delegado, y esa actitud controladora puede impedirle alcanzar sus metas, ya sean éstas profesionales o personales.

Cuando Pete y Laura Wakeman, fundadores de The Great Harvest Bread Company, se van de viaje durante tres semanas, dejan a su gente completamente a cargo de la empresa. Pete Wakeman dice que delegar es la única manera que tienen de tomarse unas vacaciones.

«Confía en tu gente, aunque no resuelvan los problemas exactamente como tú lo harías. Los problemas que parecen perseguirles, a menudo no son tales y, además, pasarán un verano mucho más interesante si las cosas no se desarrollan siempre de una manera previsible.»

Pete WAKEMAN

LISTA DE CONTROL PARA EVALUAR SU AGENDA

	Siempre	A menudo	A veces	Nunca
¿Está haciendo progresos mensurables para alcanzar sus objetivos?			√	
¿Se siente más preparado y centrado?		√		
¿Está cumpliendo las tareas que se fijó para la semana?				√
¿Tiene planes realistas para completar tareas pendientes?		√		
¿Está programando aproximadamente el número adecuado de actividades?			√	
¿Se están volviendo más precisos sus cálculos de tiempo?	√			
¿Puede reducir alguna tarea o actividad que no sea relevante para sus trabajos prioritarios?			√	

Una vez que haya decidido qué tareas delegar y haya aclarado obligaciones relacionadas con esas tareas, tiene que dar un paso hacia atrás —o hacia delante—. Para Pete, eso significa literalmente poner un pie delante de otro.

«Recuerde el poder de la solución física: ponga físicamente un pie delante de otro (y con ello me refiero realmente a sus pies) y verá cómo su cuerpo avanza hacia la puerta. Puede que su cerebro se oponga enérgicamente, pero no le queda más remedio que ir, físicamente, a donde le lleve su cuerpo. Y luego no mire atrás. Al cabo de una semana en los bosques, o donde se encuentre, todo cobrará más sentido para usted.»

Pete Wakeman

Pasos para crear un calendario viable

- Cree listas de tareas pendientes con estimaciones de tiempo para llevarlas a cabo.
- Programe las actividades o los trabajos importantes que necesiten mayores dosis de creatividad y lucidez mental durante las horas del día en que tenga más energía.
- No comprometa todos los minutos. Deje algunos ratos libres para hacer frente a crisis e imprevistos.
- Realice tareas simultáneamente; por ejemplo, abra el correo mientras está encendiendo el ordenador.
- Determine a qué hora quiere acabar de trabajar y salir de la oficina. Luego vaya hacia atrás en su agenda, poniendo en primer lugar de la lista las tareas más importantes.

- Identifique tareas en las que puede trabajar cuando encuentre algún rato libre con el que no contaba.
- Mantenga su programación a mano. Compruebe sus progresos durante el día para ver si está cumpliendo objetivos.
- Comparta con otras personas su agenda para reforzar su compromiso con la gestión del tiempo.
- Registre sus progresos.
- Felicítese cada vez que logre un objetivo.

Delegar creativamente

Una vez que haya determinado a qué áreas desea dedicar menos tiempo, sea creativo a la hora de delegar. Busque oportunidades allí donde se encuentren. Algunos proveedores, como las instituciones financieras, pueden proporcionar servicios muy útiles.

«Al igual que usted, el departamento de administración está increíblemente ocupado y agradecerán toda ayuda que se les brinde. Por eso, cuando recibí una oferta de una empresa de tarjetas de crédito para realizar informes de gastos automatizados, la estudié. Ahora estoy trabajando con mi empresa para integrar este servicio en nuestro proceso de gestión de gastos, lo que permitirá ahorrar

tiempo a un montón de gente ya que muchos de nosotros utilizamos la misma tarjeta.»

Beth CHAPMAN

Consejo: Demuestre su reconocimiento. Los ayudantes administrativos y otros asistentes técnicos suelen estar sobrecargados de trabajo y no reciben el suficiente reconocimiento. Pídales cosas razonables, no encargos de última hora. Demuéstreles que es consciente de que su tiempo también es valioso. Sea educado, comprensivo, flexible y devuelva los favores.

Delegar para obtener resultados

Cuando delegue, céntrese en los resultados, no en el proceso. La gente aborda los problemas de diferentes maneras, así que muéstrese abierto a la variedad de posibles soluciones. Teniendo eso en cuenta:

- Identifique las tareas que quiere delegar. Además de las tareas que no aportan nada a sus principales actividades, también puede delegar aquellos trabajos que otras personas pueden hacer mejor que usted.
- Piense que un trabajo que a usted no le gusta puede ser un reto interesante para otra persona:

puede que usted deteste comprobar los informes de gastos de la gente, pero probablemente habrá alguien a quien no le importe efectuar una tarea minuciosa.

- Elija a la persona adecuada para el trabajo. Considere su personalidad y sus competencias. Puede que todo lo que necesite una persona para realizar el trabajo tan bien como usted sea una sesión de formación en esa área.
- Comunique claramente sus expectativas, incluyendo los requisitos para completar bien la tarea, los plazos y el presupuesto. Hable abiertamente con la persona elegida para comprobar que queda claro cómo debe llevar a cabo el trabajo. Comparta la información relevante, como estudios ya realizados y mejores prácticas. Presente a las personas clave implicadas.
- Delegue autoridad junto con la responsabilidad. Encargar un trabajo a alguien sin darle la suficiente autoridad para acometerlo generará frustración y sensación de fracaso en esa persona.
- Deje actuar. No supervise permanentemente. Conceda a la gente el margen que necesita para hacer el trabajo a su manera.

Cómo superar los obstáculos

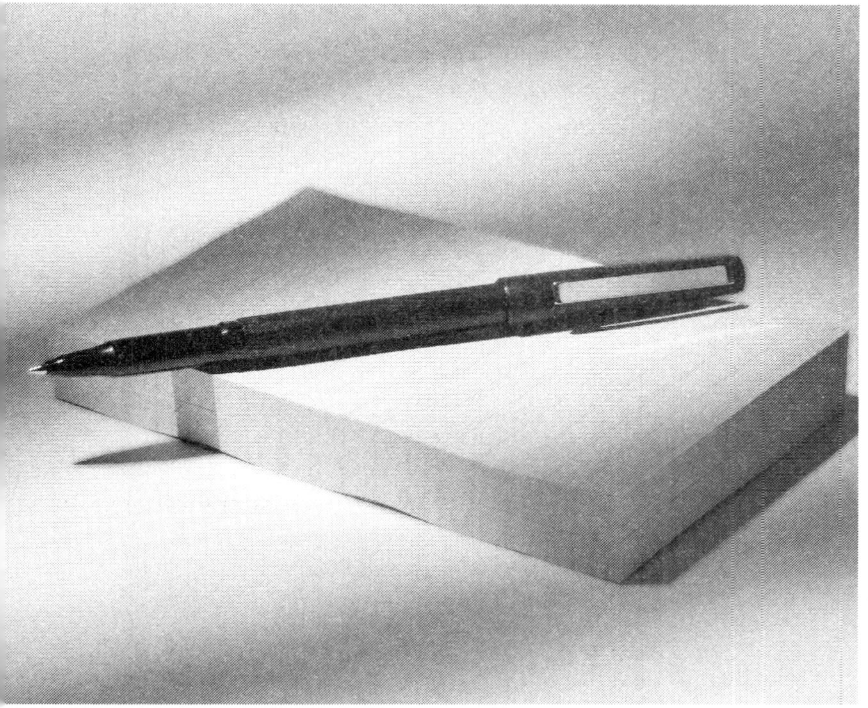

APLICAR LOS PRINCIPIOS de la optimización y gestión del tiempo en su vida cotidiana exige práctica, persistencia y autoconocimiento. Cuando comience a trabajar para alcanzar sus metas y a ajustar su agenda, encontrará obstáculos que le impedirán utilizar el tiempo de manera eficaz. Parte de la gestión del mismo consiste en reconocer esos obstáculos y en aprender a superarlos.

Reconocer obstáculos comunes a la gestión del tiempo

¿Qué tipo de problemas le están impidiendo optimizar su tiempo? Le presentamos aquí algunas de las dificultades más comunes a las que tiene que enfrentarse la mayoría de la gente:

- un entorno de trabajo caótico, ruidoso y exigente
- un espacio de trabajo mal organizado
- una tendencia a postergar y aplazar trabajos que requieren ser realizados de inmediato
- reuniones poco eficaces y viajes de trabajo innecesarios.

Reconocer los problemas es el primer paso para resolverlos. No se sienta abrumado por ellos y aprenda a dividir un gran problema en varios menores. Es más fácil afrontarlos de uno en uno.

Hacer frente a culturas y entornos de trabajo desfavorables

Los principios de la optimización del tiempo pueden adaptarse incluso a los entornos profesionales con plazos más ajustados y proclives a las interrupciones. Experimentando y mostrando sensibilidad y determinación, los ejecutivos que trabajen en estas condiciones pueden aprender también a optimizarlo.

Optimizar el tiempo en una empresa proclive a las interrupciones. Muchas empresas basan su cultura en la comunicación abierta, el trabajo en equipo y un sentido de constante sinergia. Estos entornos pueden ser estimulantes, pero también favorecen las distracciones. Aunque usted asigne momentos concretos a sus tareas, no hay garantía de que no aparezca de repente alguien para comentarle algún asunto o surja un problema inesperado. En este tipo de culturas empresariales se espera que los ejecutivos estén disponibles.

Por ejemplo, Michael Rothman, un desarrollador de software que trabaja a menudo como jefe técnico en lanzamientos de productos, ha encontrado varias formas de gestionar su tiempo sin dejar de ser un ejecutivo eficaz.

«Tener la puerta abierta forma parte de la cultura de las empresas para las que trabajo. Si la cierras de vez en cuando, la gente lo toma como un signo de que ése no es buen momento para interrumpirte, pero no lo puedes hacer a menudo.»

Michael ROTHMAN

Una forma que tiene Michael de gestionar las interrupciones es aprovechar esos momentos para realizar varias cosas a la vez. Michael confía enormemente en su agenda electrónica (PDA), que consulta por lo menos una docena de veces al día. La agenda contiene listas de cosas por hacer de cada proyecto en el que está trabajando.

«Trato de optimizar las interrupciones. Si viene a verme alguien con un tema concreto, determino si es algo que requiere una intervención inmediata o no. Si no es urgente, lo añado a la lista. Y mientras esa persona está en el despacho, aprovecho para revisar la lista y examinar algunos de los asuntos que tenemos que despachar, de manera que la interrupción resulta mucho más provechosa.»

Michael ROTHMAN

¿Qué haría usted?

Toc, toc... ¿quién es?

PABLO RETOMÓ CON POCAS GANAS sus hojas de cálculo cuando Carol se marchó. En realidad, no tenía pensado pasar la última media hora hablando del plan de seguro dental de la empresa con ella, pero estaba comprometido con la política de puertas abiertas que tan buenos resultados estaba dando. La moral estaba alta. Roberto, el predecesor de Pablo, era tan inaccesible que había que concertar una cita con él para decirle que el edificio se estaba quemando. Todos se sintieron aliviados cuando Roberto fue ascendido a vicepresidente y Pablo se hizo cargo del equipo.

No obstante, la accesibilidad de Pablo tenía sus inconvenientes. Se pasaba el día hablando con gente y, por la noche debía hacer el trabajo que tendría que haber resuelto durante el día. No podía seguir manteniendo abierta esa sala de consultas en que se había convertido su despacho. Estaba agotado. ¿Cómo puede seguir estando disponible para sus empleados y cumplir a la vez con sus obligaciones profesionales?

¿Qué haría usted? La mentora sugerirá una solución en el apartado «Lo que usted podría hacer».

Consejo: Progreso, no perfección. Su meta no es la perfección, sino hacer las cosas mejor. Cada vez que consiga gestionar un poco mejor su tiempo, se estará acercando más a uno de sus objetivos.

Michael minimiza las interrupciones programando reuniones regulares.

«Tengo reuniones habituales y animo a la gente a aplazar (si es posible) cualquier tema importante hasta ese momento. Lo que quiero es que, a menos que haya algo que deba ser resuelto inmediatamente, se planteen todos los temas en la reunión semanal.»

Michael ROTHMAN

Michael tuvo que aprender a organizarse. Pasó por un proceso de prueba y error —y por la compra de una agenda electrónica— antes de comenzar a trabajar eficazmente.

Consejo: Analice los tipos de interrupciones que se suelen producir y trate de desarrollar un plan de contingencias. Luego autorice a otras personas a ocuparse de los problemas si ocurren de nuevo.

«Soy el director técnico y el tipo de trabajo que realizo suele ser proclive a las interrupciones. Suelo trabajar en varios proyectos a la vez y es frustrante no dar abasto. Hace poco estuve centrado completamente en los proyectos B y C durante un par de días y me olvidé por completo del proyecto A. Así que intenté buscar soluciones para evitar que se repitieran situaciones de este tipo. Me dediqué a hacer listas en papeles y a adoptar otras estrategias. Pero cuando me compré la agenda electrónica, me deshice de todo lo demás y me quedé con una sola lista. Ahora, cualquier tema o asunto pendiente lo incorporo a mi agenda.»

Michael ROTHMAN

Otra ventaja de una herramienta de planificación y organización como la agenda electrónica es que está ayudando a Michael a gestionar la dirección.

«Una de las ventajas del ordenador es que tienes una lista de todo lo que has hecho, de modo que la utilizo en la reunión semanal con mi director. Si algo ha sido borrado de la lista, está guardado. Si estás trabajando en algo, está señalado. Así que al final de la semana, el informe de avance de los trabajos ya está realizado.»

Michael ROTHMAN

Gestione las interrupciones de manera eficaz. Tal vez pueda delegar en alguien la resolución de los problemas que suelen causar las interrupciones. Pero en los casos en que sea usted la única persona que puede hacerse cargo de ellos, resuélvalos lo más rápidamente posible para poder regresar a sus tareas prioritarias. Incluso cuando una interrupción requiera su atención durante horas, retome con energía lo que estaba haciendo.

No siempre tiene que estar dispuesto a recibir visitas. En algunos casos, puede ser adecuado negarse a recibir a alguien sin cita previa.

Por ejemplo,

- determine si la persona que va a verle le presenta un problema importante o crítico que requiere atención inmediata.
- si es posible, programe otra hora para reunirse con esa persona.
  (Puede decirle: «Creo que puedo ayudarte, pero en este momento estoy ocupado. ¿Nos podemos ver después del almuerzo para tratar este asunto?».)
- remita al visitante a otra persona que crea que le pueda prestar ayuda.
  (Puede decirle: «En este momento yo no puedo atenderte, pero ve a ver a Luis; es posible que él pueda ayudarte. Informadme de lo que decidáis».)
- anote lo que estaba haciendo antes de ser interrumpido en su trabajo y vuelva a esa tarea en cuanto pueda.

Si fuera necesario, acepte la interrupción, tome las medidas oportunas y luego retome la concentración que tenía antes de ser interrumpido. Aunque, por supuesto, no siempre es fácil hacerlo.

Optimizar el tiempo en una empresa donde éste es un recurso muy importante

En algunas empresas, el tiempo es extremadamente importante. Casi a diario hay que trabajar contrarreloj, tratando con clientes, respondiendo llamadas telefónicas o resolviendo los numerosos problemas que van surgiendo. Pero incluso en aquellas empresas donde el ritmo es frenético —industrias de servicios alimentarios, hoteleras, atención sanitaria y servicios financieros, por ejemplo—, puede optimizar el tiempo y avanzar hacia metas concretas.

Como analista financiera que sigue la actividad diaria de los mercados bursátiles, Elisabeth Choi tiene que sintetizar un flujo constante de información, opiniones, ideas y noticias; pero, a la vez, debe investigar el estado de las acciones y buscar oportunidades sobre la marcha.

«Buscas todo tipo de información. De repente todas las piezas encajan y, aunque puedan faltar algunas, aparece una imagen lo suficientemenete importante como para poder verla con claridad. Se llama la teoría del mosaico.

Nunca puedes operar con toda la información, pero tratas de reunir las piezas suficientes para llegar a una conclusión. Las notas que tomas cuando mantienes conversaciones, todo aquello que lees... todo eso es lo que forma el mosaico. Si gestionas bien tu tiempo, consigues que encajen más piezas de ese mosaico.»

Elisabeth Choi

Debido a la naturaleza del mercado financiero, la agenda semanal de Elisabeth no es muy estricta. En cambio, ha desarrollado estrategias que le permiten disponer de ratos útiles de vez en cuando. Crea un archivo informático independiente para cada uno de los valores con los que trabaja. En cada archivo, introduce información y cuestiones clave, así como notas que toma durante las conversaciones que mantiene sobre esos valores. Siempre está preparada para optimizar el breve e imprevisible tiempo del que dispone para tratar con analistas difíciles de localizar y representantes de empresas. Cada archivo es una valiosa herramienta de referencia de acceso rápido porque en ellos puede encontrar detalles y cuestiones importantes siempre que los necesita.

«Estas personas están siempre muy ocupadas. De modo que tienes que ser organizado y tener preparadas las preguntas. Tienes que ser realmente bueno tomando notas. Cuando trabajo con un valor bursátil, redacto una lista y

escribo las cuestiones sobre las que deseo información. Pueden pasar días y cuando el analista por fin llama, sacas las notas y las preguntas que tienes y preparas el correo electrónico. Y anotas todos los temas que tratas en esa conversación, porque de lo contrario la próxima semana o el próximo mes ya no te acordarás. Si, por ejemplo, este trimestre hablas con un director financiero, más adelante puedes repasar tus notas y decirle: "El último trimestre afirmaste tal cosa, ¿qué crees que va a pasar éste?".»

Elisabeth CHOI

Un entorno en el que se trabaja contrarreloj puede dificultar la asignación de tiempos para imprevistos, ¡y no digamos para trabajar en objetivos a largo plazo! A Elisabeth, la organización, tomar notas y la disciplina le permiten encontrar esos ratos muertos que le permiten trabajar en proyectos futuros.

«Cuando el mercado funciona con lentitud, me puedo tomar un par de horas para estudiar un valor sobre el que quiero tomar decisiones en dos semanas. Y si lo tengo que dejar, me tomo un minuto para preguntarme: "¿Cuál es mi opinión en este momento, cuál es la situación? ¿Cuáles son las tres cosas que todavía desconozco y me impiden tomar una decisión? ¿Quiero saber más sobre su diversificación de clientes? ¿Cómo es su balance anual? ¿Su inventario?". Anoto en el archivo que éstas son las tres cosas

que quiero analizar, así que cuando la próxima semana lo vuelva a abrir sabré dónde me quedé y recordaré mi proceso mental.»

Elisabeth Choi

La organización de Elisabeth le permite ahorrar unos minutos preciosos, a ella y a la gente ocupada con la que trata diariamente.

«El correo electrónico me ha sido de gran ayuda porque me permite enviar al contacto o al analista de la empresa una lista de preguntas acerca de los temas que quiero tratar. Si no consigo contactar con ellos por teléfono, puedo avanzarles por correo las cuatro cosas que quiero tratar, para que puedan responderme o para acordar una hora en que yo pueda llamarlos. Gracias al correo electrónico todos sabemos de lo que vamos a hablar y no perdemos el tiempo haciendo llamadas inútiles.»

Elisabeth Choi

Hacer frente a espacios de trabajo desorganizados

Para muchas personas, la falta de organización dificulta poder emplear su tiempo de forma efectiva. No hay nada gratificante en estar buscando correos o archivos en el ordenador o en estar revolviendo papeles y recibos acumulados por todas partes; por el contrario, es muy frustrante. Afortunadamente, existe una ayuda para quienes tienen problemas con la organización. (Véase la tabla «Herramienta de planificación del espacio de trabajo» en página 74).

«Organizar tus cosas te ayuda a organizar tu mente.»

Sandy Block

A través de su exitosa empresa Clutter Cutter, Sandy Block ayuda a la gente a organizar su espacio de trabajo para que pueda hacer un uso óptimo de su tiempo. A Sandy le gusta organizar el espacio desde que tenía siete años.

«Crecí en una casa muy desordenada y un día que vino una amiga de visita me sentí muy violenta al ver el desorden que me rodeaba. Así que decidí cambiar y desde entonces me he dedicado a poner orden. En quinto curso, cuando estaba cuidando la casa de un vecino, le ordené todas las habitaciones. Y hace poco, cuando estuvimos en casa de un primo de mi marido le reorganicé completamente la cocina: me costaba encontrar la sal porque siempre estaba en un lugar diferente. Me gusta ser muy organizada y asumo que, justamente por eso, lo más probable es que mis hijos sean desordenados.»

Sandy Block

HERRAMIENTA DE PLANIFICACIÓN DEL ESPACIO DE TRABAJO

Categoría/Tipo de artículo	**Dónde ponerlo y consejos prácticos**
Facturas por pagar	Carpetas de plástico en un lugar accesible.
Cosas que hay que hacer hoy	Bandeja abierta. Póngala en un sitio de fácil acceso y visible; vacíela cada día.
Cosas que hay que hacer pronto	Bandeja cerrada. Examine esta pila cuidadosamente para ver si necesita subdivisión.
Archivar	Bandeja abierta. Archive los asuntos terminados como contratos firmados, documentos fiscales, etc. que necesite una o dos veces al año o que necesite a efectos legales.
Material de lectura: revistas, boletines, etc.	Guarde publicaciones profesionales que utilice como materiales de referencia en revisteros o en una estantería cerca de su mesa donde estén fácilmente accesibles. Recicle el resto.
Revistas	Ponga las revistas en una bandeja o mesa o espacio público para que otros puedan leerlas, o póngalas en una bolsa para llevárselas a leer a otro lugar.
Listas de precios y catálogos	Según la frecuencia de uso de estos artículos, utilice bandejas cerradas o revisteros. Cuando llegue un nuevo número o una nueva lista, recicle los antiguos.
Artículos salientes	Coloque una bandeja en un sitio muy visible cerca de la puerta para los paquetes salientes, el correo o cualquier artículo que tenga que ser entregado a otra persona, como un contrato que deba ser firmado. Vacíela al final de cada día.
Documentos de proyectos	Utilice una gran caja o archivador de documentos para cada proyecto o cliente. Cuando el proyecto haya concluido, guarde la caja por si necesita más tarde el material.
Manuales de instrucciones y garantías	Las carpetas cerradas de plástico son útiles en este caso. Estos documentos no suelen necesitar estar muy accesibles.
Objetos pequeños como plumas, lápices, notas adhesivas, clips, etc.	Existen muchos tipos de recipientes para estos artículos. También son útiles los separadores de cajones.
CD	Póngalos en contenedores de CD y guárdelos como libros, o utilice cajas de CD de rejilla metálica.

Con los años, Sandy ha desarrollado un sistema fácil de llevar a la práctica para ayudar a la gente a organizarse y a no volver a caer en el desorden.

«El mayor problema que tiene la gente es que se siente abrumada. Creen que no pueden dedicar cuatro horas a organizarse. Así que no piense en el tiempo que va a necesitar para poner orden. Lo primero que tiene que hacer es darse cuenta de que necesita un lugar para todas las cosas que entren en su oficina. A partir de ahí, puede ir solucionándolo todo.»

Sandy BLOCK

«Dediqué mucho esfuerzo a organizar los archivos en mi ordenador. Por ejemplo, cada cliente tiene un archivo y dentro de cada archivo hay diversas carpetas —ofertas, artículos que hay que entregar, notas, etc.—. He eliminado todos los papeles que no necesitaba. Uno de mis clientes, el director ejecutivo de una compañía, observó cómo me organizaba y ha adoptado la misma técnica. Nos reímos cuando nos vemos transportando nuestros ordenadores portátiles por toda la oficina, pero realmente resulta muy útil.»

Melissa RAFFONI,
Directora general de Professional Skills

Los siete pasos de Sandy Block para poner orden en su oficina

1. **Planifique.** Necesita un lugar para todo lo que entra en su oficina. Dedique 10 o 20 minutos a idear un plan de almacenamiento. ¿Qué tipo de documentos maneja? ¿En qué clase de bandejas y carpetas puede colocar esos papeles? Haga una lista con las cosas que necesita guardar y decida dónde va a ponerlas. (10-30 minutos.)
2. **Despeje su mesa completamente.** Ponga una bandeja de reciclaje, una papelera y/o una bolsa para tirar papeles en un lugar accesible. Retire todas las cosas que hay sobre su mesa y en los cajones y haga un gran montón con ellas. Limpie la mesa. Esto le resultará muy gratificante. No importa que lo único que tenga ahora sea una pila de papeles. Es tan inaccesible ahora como lo era antes cuando estaba encima de su escritorio. (20 minutos.)
3. **Empiece a tirar.** Mientras despeja la mesa, deshágase de todo lo que pueda. A la larga, supondrá un ahorro de tiempo ya que tendrá menos material que guardar. No se quede atascado. Tire sólo aquellas cosas que esté seguro que no va a necesitar. Si tiene dudas, póngalas en la pila. (5 minutos.)
4. **Vaya de compras.** Haga una lista de cosas que necesita comprar y recuerde que existen conte-

nedores prácticamente para todo. Vaya a una tienda especializada en artículos de oficina para adquirir todo o la mayor parte de las cosas que necesite. En las papelerías y tiendas de manualidades también puede encontrar archivadores atractivos, botes para lápices, cajas para CD y otros muchos objetos. (1-2 horas.)

5. **Clasifique.** Primero ponga las cosas más evidentes en sus respectivos recipientes. Luego, las cosas que vaya a necesitar enseguida. Después, coloque todo aquello que utiliza diariamente en un lugar de fácil acceso. No hace falta encontrar el lugar definitivo, recuerde que más adelante puede cambiar todo de sitio. Mientras clasifica el material, aproveche para seguir tirando cosas. Una vez que haya hecho una primera clasificación, aunque todavía quedará un buen montón pendiente, su mesa presentará ya cierto orden. (20-40 minutos.)
6. **Afine aún más la clasificación.** Clasifique los documentos que siguen apilados. Ahora que tiene un plan de almacenaje, la mayoría de ellos tendrán un lugar de destino. Tire aquellos que crea conveniente, coloque en su lugar los que desee conservar o, si tiene dudas respecto a qué hacer con uno de ellos, déjelo para más adelante y elija uno nuevo. Dedique 5 minutos a esta actividad. (5-20 minutos.)

7. **Haga ajustes.** Al final de la semana su oficina no estará todavía perfecta pero sí mucho mejor que antes. Ha hecho progresos. Tal vez considere que su bandeja de cosas pendientes no está en el mejor sitio o que está demasiado llena, pero al menos la tiene. Siga haciendo cambios según sus prioridades. Tal vez necesite fusionar dos categorías o subdividir una muy grande en dos. Ahora tiene un sistema y es mucho más fácil modificar un solo archivo que tener que rehacer toda la pila de nuevo. (10-20 minutos en función de las necesidades.)

Consejo: Guarde los recibos de todo lo que compre y deje puestas las etiquetas y los precios durante las dos primeras semanas. De ese modo, si no le gusta un tipo concreto de bandeja o archivo que haya comprado, lo podrá devolver. Al principio, etiquete los recipientes de archivo con pegatinas. Cuando esté seguro de que le resultan prácticos, márquelos de forma permanente.

Hacer frente a la postergación de tareas

Existe un viejo chiste sobre el cartel colocado en la puerta de la sala donde se reúne el «Grupo de apoyo al especialista en dejar las cosas para más tarde»: «Reunión aplazada, vuelva mañana». Es natural querer evitar un trabajo que resulta desagradable, pero el síndrome de dejar las cosas para mañana se puede presentar bajo disfraces muy sutiles, tanto que incluso puede que no se dé usted cuenta de que está postergando algunas tareas. En la página siguiente mostramos algunos síntomas comunes a la postergación de tareas, junto con algunas sugerencias para evitarla.

Si estas soluciones no funcionan y debe realizar la tarea, haga lo que sea necesario para terminarla, pero prométase a sí mismo tomar las medidas necesarias para evitar que le vuelva a ocurrir. Continúe luego por ese camino.

Evitar las reuniones mal planificadas y los viajes innecesarios

Todo el mundo ha conocido la frustración de tener que permanecer en una reunión mal planificada o ha perdido el tiempo viajando cuando no era necesario. Probablemente, no podrá controlar siempre esas situaciones pero existen algunas formas de mejorarlas.

SÍNTOMA DE POSTERGACIÓN	POSIBLE SOLUCIÓN
Perfeccionismo	**Quitarle importancia**
¿Encuentra siempre difícil completar las tareas porque quiere que todo sea «perfecto»? ¿Repite mucho las cosas, vuelve a empezar *desde el principio?*	- Aprenda a reconocer que su tiempo es tan importante, si no más, que la perfección. - Mantenga una perspectiva equilibrada. Contraste con sus colegas si algo está listo para terminar. Y cuando así sea, dé por concluido el asunto. - Tome conciencia de su tendencia a obsesionarse y póngale freno. Pregúntese: ¿realmente va a suponer esto una diferencia? ¿Merece la pena el esfuerzo?
Planificar en exceso	**Trabajo de equipo**
¿Prolonga siempre el proceso de planificación para evitar comenzar a trabajar? Si tiene que planificar cada eventualidad, se puede encontrar excediendo el presupuesto o desbaratando totalmente su programación.	El exceso de planificación puede indicar que se siente sobrepasado. Trabaje con colegas y compañeros para abordar el problema y ponerse manos a la obra. Los esfuerzos y la perspectiva de otra persona pueden ayudar a superar esta tendencia a postergar. No tenga miedo de pedir ayuda a otros.
Plazos muy apretados	**Agenda más ajustada**
¿Suele retrasar el trabajo porque le resulta estimulante trabajar con plazos muy apretados?	Una sola persona puede trabajar así de manera eficaz, pero si forma parte de un equipo, esta conducta puede ser perjudicial para otros miembros del equipo, y puede poner en peligro la calidad del trabajo debido a la falta de tiempo. Esfuércese por definir un calendario y cumplir con los plazos, especialmente si otras personas dependen de su trabajo o de su liderazgo.

SÍNTOMA DE POSTERGACIÓN	POSIBLE SOLUCIÓN
Tareas gratificantes	**Orientación**
¿Suele refugiarse en tareas con las que disfruta y en las que destaca, para aplazar otras que le resultan más difíciles?	- Puede estar evitando hacer tareas porque no se siente seguro sobre cómo proceder. - No tenga miedo de pedir ayuda a alguien que sepa hacerlas bien. Pida consejo a un superior o a un compañero si la tarea le parece muy compleja. - Analice las competencias necesarias para completar la tarea.
No quiere hacerlo	**Creatividad**
No hay ninguna sutileza en esto. Usted sabe que lo está aplazando y sabe por qué: no quiere hacerlo.	- Delegue la tarea a alguien que quiera llevarla a cabo. - Si no puede delegarla, establezca un inicio arbitrario y comience a partir de ahí. - Créese una recompensa para cuando acabe. Por ejemplo, si no le gusta escribir un informe pero disfruta devolviendo llamadas, escriba primero el informe y devuelva la llamada cuando haya acabado el informe.

Consejo: Si realmente detesta ordenar cosas, pida a un compañero más metódico que le ayude. Puede que él disfrute haciéndolo y sea más rápido de lo que usted se imaginaba. Asegúrese de devolver el favor más tarde.

Haga que las reuniones resulten productivas. Unas cuantas estrategias le pueden ayudar a optimizar el tiempo que dedica a reunirse con otras personas.

- Antes de asistir a cualquier reunión, plantéese si es usted la persona más indicada. Si decide que le compensa asistir a ella, asegúrese de que la reunión tenga unos objetivos claros y que sea resolutiva.
- Si no ha recibido un orden del día de la reunión, pida verlo antes de que ésta se celebre. Ponga en conocimiento de los demás que usted necesita saber el motivo de la reunión para poder decidir si asistir personalmente o enviar a un miembro de su equipo en su lugar.
- Su presencia tal vez no sea necesaria durante toda la reunión. Cuando se hayan tratado los temas relevantes para usted, puede excusarse y abandonar la reunión.
- Si usted dirige la reunión, envíe a los asistentes el orden del día y los puntos que se van a tratar antes de que ésta tenga lugar. Así optimizará el tiempo de todos los participantes y la reunión se centrará en temas concretos. Si es posible, pida a los participantes que se la preparen con antelación para que la reunión resulte más provechosa.

Lo que usted podría hacer

Volvamos al problema de Pablo

La mentora sugiere esta solución:

Pablo necesita reunirse con cada uno de sus empleados por separado y explicarles su situación: debe dejarles claro que aunque reconoce la importancia de ser accesible para ellos, necesita encontrar algunos ratos para poder realizar su trabajo. También debería mostrar su interés por conocerles mejor y averiguar cómo pueden trabajar juntos de manera más eficaz, para poder orientarles adecuadamente. Los empleados agradecerán su sinceridad así como el interés personal que Pablo se está tomando para adaptar su gestión a las necesidades de cada uno de ellos.

Puede plantearles preguntas abiertas como:

- ¿Qué instrucciones, información o *feedback* necesita recibir de mí para hacer mejor su trabajo?
- ¿Le gusta y se siente cómodo con mi estilo de dirección o no? ¿Qué cambiaría?

- ¿Cómo le gustaría que nos comunicáramos? ¿Reuniones programadas, almuerzos, a través del correo electrónico...?
- ¿Con qué frecuencia y durante cuánto tiempo debería reunirme con usted de manera regular?

Después de estas conversaciones, Pablo puede elaborar una estrategia personal para cada empleado. En función de las respuestas de cada uno de ellos, terminará encontrando probablemente un equilibrio entre interacciones programadas e imprevistas.

Respecto a la política de puertas abiertas, Pablo necesita dar con formas adecuadas de abordar las interrupciones y plantearse las siguientes cuestiones para saber a qué atenerse:

- ¿Hay unas horas del día en que le necesitan más que otras?
- ¿Algunas de las cuestiones que motivan las interrupciones pueden esperar a ser tratadas en las reuniones programadas?
- ¿Cómo se sentiría el subordinado si Pablo cerrara la puerta de su despacho, se instalara en una sala de conferencias o regresara a su despacho más tarde porque necesitaba estar solo?

- ¿De qué cantidad de tiempo sin interrupciones debería disponer al día?

Ahora que Pablo ya ha tratado la cuestión con sus empleados, conoce mejor lo que éstos necesitan y le han dado su opinión, está mejor preparado para tomar decisiones sobre cómo gestionar su tiempo.

Reduzca al mínimo los viajes de negocios. Si tiene que viajar por negocios, averigüe si es imprescindible reunirse personalmente o si se pueden tratar los temas por videoconferencia. Si el viaje es inevitable, asegúrese de ser la persona idónea para asistir a la reunión. De lo contrario, delegue en la persona adecuada.

Cuando tenga que viajar, trate de que los momentos de espera y mientras está en tránsito sean lo más productivos posible.

- Organice el material antes del viaje y revise la documentación que pueda necesitar durante el mismo.
- Llévese un maletín bien organizado.
- Utilice teléfonos móviles y ordenadores portátiles.
- Llévese trabajo o lectura o una lista de llamadas pendientes para hacer durante el viaje.

Dedique tiempo a evitar o superar obstáculos

Todos los problemas descritos anteriormente pueden ser subsanados si les dedica el tiempo necesario. Por lo tanto, y aunque suene paradójico, tiene que emplear tiempo para poder optimizarlo. El proceso no se produce por arte de magia: necesita compromiso, planificación y recursos, pero siempre será un tiempo bien empleado.

Cómo desarrollar buenos hábitos de gestión del tiempo

TENER UNA VISIÓN general le ayuda a establecer sus metas y a avanzar hacia ellas. Herramientas como el *time-boxing* le ofrecen recursos para tener una buena perspectiva de cómo emplea su tiempo y para crear un método para optimizarlo de la manera que desee. También puede desarrollar unos cuantos hábitos sencillos para aprovechar sus horas al máximo.

Gestionar los mensajes

La mayoría de los mensajes llegan hoy en día a través del teléfono, correo electrónico o fax. A continuación le indicamos algunos consejos para gestionar ese flujo de mensajes a menudo perturbador, que en ocasiones puede llegar a ser abrumador.

Técnicas telefónicas efectivas. Para muchas personas, las llamadas telefónicas suponen una constante interrupción. Para usar el teléfono eficazmente:

- Filtre las llamadas utilizando un identificador de llamadas o el correo de voz.
- Si es posible, pase la llamada a otra persona.
- Hable el tiempo justo y no se salga del tema.
- Dedique un rato al día para recibir y devolver llamadas.
- Cuando realmente necesite concentrarse, llévese el trabajo a una sala sin teléfono.
- Utilice el correo electrónico para comunicarse.

Pasos para tomar notas telefónicas

1. Utilice el ordenador y el teléfono a la vez. Si suele escribir a menudo mientras habla por teléfono, conecte unos auriculares al aparato. No son caros y previenen posibles dolencias en el cuello.
2. Cree un archivo independiente en su ordenador para cada cuenta, proyecto o categoría similar.
3. Antes de cualquier conversación, haga una lista con las preguntas que desee formular y la información que desea compartir.
4. Introduzca la hora, fecha y personas que intervienen en la conversación.
5. Escriba (o introduzca) el objeto de la conversación.
6. Anote toda la información importante recibida.
7. Haga una lista con todos los asuntos que usted y otras personas tienen que seguir tratando.
8. Haga una lista con los asuntos que aún siguen pendientes.
9. Utilice convenciones lógicas para etiquetar los asuntos y poder acceder rápidamente a la información en sus correspondientes carpetas; por ejemplo, una llamada a Acme Tech del 30 de abril de 2005 podría ser codificada como 30.04.05 Acme.

Consejo: Gestione el mensaje sólo una vez. Respóndalo, archívelo, páseselo a otra persona o descártelo.

Utilice el correo electrónico para ahorrar tiempo. El correo electrónico le puede hacer perder tanto tiempo como el teléfono si pretende abrir y responder cada mensaje en cuanto llega. Pero si lo emplea sabiamente, puede ayudarle mucho. La regla más importante es que los mensajes de correo electrónico deben ser siempre concisos y claros.

A continuación indicamos algunos consejos para que el correo electrónico le ayude a ahorrar tiempo:

- Haga preguntas cortas y fáciles de responder, por ejemplo: «¿Qué día llega?» «Me gustaría contactar con la empresa de catering que organizó su almuerzo. Envíeme nombre y número de teléfono».
- Mantenga al día a compañeros, clientes o proveedores sobre las operaciones en curso con mensajes breves, como por ejemplo: «Enviamos las muestras que solicitó el jueves a las 16.00 h. Deberían estar allí el viernes antes de las 10.00 h».
- El correo electrónico no es un sustituto de la interacción humana. *No* utilice el correo elec-

trónico para enviar mensajes que puedan tener un impacto emocional, especialmente si es negativo, como «Me ha decepcionado la calidad de su informe» o «Lamento informarle de que está despedido».

- Informe a los demás de los cambios que pueden retrasar o alterar cualquier situación. Escriba por ejemplo, «Nuestra reunión programada para las 15.00 h en la sala de juntas ha sido trasladada a la sala de conferencias».
- Agrupe varias cuestiones y numérelas para que el destinatario pueda copiarlas fácilmente y responderlas, contestando a varios puntos a la vez.
- Evite la pérdida de tiempo que suponen las llamadas no atendidas fijando previamente el momento oportuno para realizarlas a través del correo electrónico.
- Guarde los correos electrónicos en las carpetas correspondientes de un proyecto para poder consultarlos más adelante.

Gestione su correo electrónico de manera eficiente. ¿Gestiona eficazmente su correo electrónico?

- ¿Utiliza palabras clave en el apartado del asunto para que el destinatario tenga una idea aproximada sobre el contenido del correo?

- ¿Incluye siempre el número de teléfono para que los destinatarios puedan responderle por teléfono? (La mayoría de los programas de correo electrónico tienen una función que le permite establecer una firma estándar.)

- ¿Procura que sus correos sean breves y fáciles de analizar para que el destinatario pueda deducir enseguida los puntos importantes? ¿Organiza el texto utilizando espacios en blanco, encabezamientos y listas de asuntos?

- ¿Intenta que el correo electrónico quepa en una pantalla para que el lector no tenga que desplazarse por ella?

Consejo: Ordene los papeles cada tarde antes de marcharse. Le ayudará a comenzar el próximo día con la mente despejada.

TAREAS PARA OCUPAR EL TIEMPO INACTIVO

Períodos de 5 min	Períodos de 10 min	Períodos de 30 min
Programe una cita	Haga una breve llamada telefónica	Eche una ojeada a boletines, revistas, periódicos
Escriba una nota rápida	Esboce un orden del día para una reunión	Planifique su agenda semanal
Actualice su agenda	Lea y responda el correo electrónico	Esboce notas para un informe
	Planifique un próximo viaje	Escriba un informe de gastos

Aproveche el tiempo libre inesperado. Esos momentos libres suelen encontrarse mientras se está viajando o cuando una reunión se retrasa. Dado que esos ratos no se pueden emplear por lo general en cosas personales, utilícelo de forma productiva.

Consejo: Clasifique el correo en cuanto lo recoja. Puede aprovechar mientras espera el ascensor o cuando se dirige a su despacho. Por el camino, elimine el correo basura. Clasifique inmediatamente el resto de la correspondencia por categorías, como «*por pagar*» o «*para hacer hoy*.»

Consejos prácticos y herramientas

Herramientas para gestionar su tiempo

Este sencillo gráfico muestra los resultados de una auditoría de tiempo, incluyendo el desglose de porcentajes que aparece en la fila inferior.

HERRAMIENTA DE GESTIÓN DEL TIEMPO BÁSICA

Semana:	**Actividad**	**Actividad**	**Actividad**	**Actividad**	**Tiempo total/Día**
Lunes					
Martes					
Miércoles					
Jueves					
Viernes					
Tiempo total/ Actividad					
% de tiempo					

HERRAMIENTA PARA PLANIFICAR LA OPTIMIZACIÓN DEL TIEMPO

Semana

Categoría relacionada con la meta	En qué consiste el éxito Cómo sabré si he tenido éxito	% de tiempo necesario	Horas/ Semana laboral	Actividades clave

HERRAMIENTA DEL *TIME-BOXING*

Adaptarla a cualquier agenda o programa de software
Semana de ___________

Hora	Lunes	Martes	Miércoles
8.00 a.m	Tarea: Tiempo real empleado:	Tarea: Tiempo real empleado:	Tarea: Tiempo real empleado:
9.00 a.m.	Tarea: Tiempo real empleado:	Tarea: Tiempo real empleado:	Tarea: Tiempo real empleado:
10.00 a.m.	Tarea: Tiempo real empleado:	Tarea: Tiempo real empleado:	Tarea: Tiempo real empleado:
11.00 a.m.	Tarea: Tiempo real empleado:	Tarea: Tiempo real empleado:	Tarea: Tiempo real empleado:
12.00 p.m.	Tarea: Tiempo real empleado:	Tarea: Tiempo real empleado:	Tarea: Tiempo real empleado:
1.00 p.m.	Tarea: Tiempo real empleado:	Tarea: Tiempo real empleado:	Tarea: Tiempo real empleado:
2.00 p.m.	Tarea: Tiempo real empleado:	Tarea: Tiempo real empleado:	Tarea: Tiempo real empleado:

Notas:

HERRAMIENTA LISTA DE LA COMPRA PARA LA OFICINA

Guarde los recibos y deje las etiquetas en todos los archivadores hasta estar seguro de que desea quedárselos

Categoría/Tipo de artículo	**Contenedor / Archivador**	**Espacio necesario**
Facturas por pagar	Cajonera de plástico Otros:	
Tareas para hoy	Bandeja abierta por arriba Otros:	
Tareas que hay que hacer pronto	Bandeja cerrada por arriba Otros:	
Para archivar	Bandeja abierta por arriba Otros:	
Material de lectura: revistas técnicas, boletines, etc.	Revisteros Otros:	
Revistas en general	Bandeja para revistas, bolsas, etc.	
Listas de precios y catálogos	Bandejas cerradas, revisteros Otros:	
Artículos salientes	Bandeja Otros:	
Documentos para proyectos	Carpeta de documentos Tamaño: Otros:	

HERRAMIENTA LISTA DE LA COMPRA PARA LA OFICINA

Categoría/Tipo de artículo	**Contenedor/ Archivador**	**Espacio necesario**
Manuales de instrucciones y garantías	Contenedor cerrado de plástico	
Pequeños objetos, plumas, lápices, pegatinas, clips, etc.		
CD	Caja de CD Estantería de CD Caja de CD Otros:	
Estanterías	Dimensiones	

LISTA DE CONTROL PARA EVALUAR SU AGENDA

	Siempre	A menudo	A veces	Nunca
¿Está haciendo progresos mensurables para alcanzar sus metas?				
¿Se siente mejor preparado y centrado?				
¿Está realizando las tareas que se ha fijado hacer esta semana?				
¿Tiene planes realistas para completar las tareas que no ha acabado todavía?				
¿Está programando el número adecuado de actividades?				
¿Se están volviendo más precisos sus cálculos de tiempo?				
¿Puede reducir algunas actividades o tareas que no sirvan para alcanzar sus metas prioritarias?				

Autoevaluación

En este apartado encontrará diez preguntas tipo test que le ayudarán a identificar los conocimientos que ha adquirido sobre cómo optimizar y gestionar su tiempo de forma eficaz. Las respuestas a las preguntas se encuentran al final del cuestionario.

1. ¿Cuál es el factor determinante a la hora de optimizar su tiempo?

a. Las metas de su empresa.
b. Sus objetivos prioritarios.
c. Su agenda.

2. Sabe que está dedicando demasiadas horas a una actividad concreta y quiere pedirle a su supervisor recursos adicionales. Además de la descripción de su trabajo, ¿qué otro argumento conviene que le presente ?

a. Su evaluación de desempeño.
b. El perfil de la persona en quien quiere delegar la tarea.
c. Los resultados de una auditoría de tiempo.

3. ¿Cuál es el primer paso para crear un plan de gestión del tiempo?

a. Dividir las metas importantes en actividades con tiempos estimados.
b. Crear una agenda.
c. Escribir listas de cosas pendientes.

4. ¿Cómo se puede llegar a ser cada vez más eficaz a la hora de programar el propio tiempo?

a. Lleve un registro de las horas reales dedicadas a cada tarea.
b. Utilice programas de software especializados para crear agendas.
c. Reduzca las actividades que le hacen perder el tiempo.

5. Una manera de reducir el tiempo perdido en tareas que no son prioritarias es delegar. ¿Qué debe evitar hacer cuando delega?

a. Indicar claramente las expectativas sobre los resultados.

b. Conceder autoridad para que se realice el trabajo.
c. Exigir que se siga un proceso preciso para lograr resultados.

6. Uno de sus subordinados entra en su despacho con un asunto complejo, aunque no urgente, que requiere la intervención de otros miembros de su equipo. ¿Qué debe hacer para gestionar esa interrupción de manera eficaz?

a. Dejar claro que está ocupado y que ése no es buen momento para hablar.
b. Posponer la conversación hasta la reunión semanal del equipo.
c. Llamar a otros miembros del equipo que tengan que ver con el asunto y celebrar una reunión sobre la marcha para resolver el problema lo más rápidamente posible.

7. Su mesa está llena de todo tipo de papeles —correo, información sobre proyectos, fotografías, propuestas, facturas— y pierde un montón de tiempo cada vez que necesita buscar algo. ¿Cuál es la mejor manera de empezar a organizarse más eficazmente?

a. Tirar todo lo que no sea necesario.

b. Hacer un montón con las cosas más importantes que tiene que hacer en ese momento.
c. Despejar completamente la mesa y limpiarla.

8. ¿Qué debería hacer para acabar con éxito una tarea que no quiere realizar?

a. Prometerse una recompensa después de terminarla.
b. Planear dedicarle el menor tiempo posible.
c. Dejarla para otro momento.

9. ¿Qué debe hacer para gestionar de manera eficaz el problema de las llamadas que tiene pendientes de devolver?

a. Ser persistente. Llame las veces que haga falta hasta que logre contactar con esa persona.
b. Llamar a la gente por la noche a su casa.
c. Utilizar el correo electrónico para programar conversaciones telefónicas.

10. ¿Qué debe hacer si quiere lidiar con el papeleo eficazmente?

a. Clasificar los papeles en montones según la prioridad: alta, media y baja.

b. Responder siempre en el papel que haya recibido en lugar de crear una respuesta por separado.
c. Tratar de ocuparse sólo una vez de cada documento en papel.

Respuestas a las preguntas del test

1, b. Su tiempo es suyo y sus metas, tanto personales como profesionales, son las que deben marcar la pauta de cómo lo emplea. Comprender claramente cuáles son sus objetivos le ayudará a optimizar su tiempo de verdad.

2, c. El cargo que desempeña, junto con los resultados de una auditoría semanal que le indicará cómo emplea realmente su tiempo, puede ser la prueba convincente para conseguir más recursos o al menos para redefinir su rol en la empresa.

3, a. Antes de poder crear una agenda útil o una lista de cosas pendientes, tiene que determinar qué actividades le ayudarán a alcanzar sus objetivos y calcular cuántas horas dedicará a realizar esas actividades.

4, a. A medida que sea capaz de afinar mejor cuánto rato dedicará a las diferentes actividades y tareas, podrá realizar programaciones más realistas. Ajustándose a ellas, podrá gestionar sus propias expectativas sobre sus objetivos y progresar para alcanzarlos.

5, c. Cuando delegue, céntrese en los resultados, no en el proceso. Se pueden alcanzar los resultados deseados de muy distintas maneras, todas ellas válidas.

6, b. Haga que las reuniones de equipo sean más provechosas tratando en ellas los asuntos importantes, pero no urgentes, que vayan surgiendo durante la semana. A la larga, sus colaboradores aprovecharán más esas reuniones. Limitarse a despachar sin más a la persona puede resultar grosero, y celebrar una reunión no programada alteraría la agenda del resto del equipo.

7, c. Ser desorganizado es frustrante y hace perder el tiempo. Limitarse a tirarlo todo o crear montones de papeles no le ayudará a resolver el problema. Despeje su mesa y trace un plan para ordenar sus cosas; así logrará que el espacio de su oficina invite al trabajo.

8, a. Prometerse una recompensa, como irse a dar un paseo o tomar un café después de realizar algo que preferiría evitar, le puede ayudar a concluir asuntos que le desagradan y hacer que el trabajo resulte más llevadero. Si se precipita en una tarea, puede que no la realice correctamente. Programarla para otro momento es lo que se conoce como postergarla.

9, c. La persistencia puede ayudarle a contactar con la gente, pero las «persecuciones telefónicas» siguen siendo una auténtica pérdida de tiempo para la mayoría. Mucha gente utiliza el correo electrónico para programar conversaciones telefónicas. También puede informar sobre qué tratará la conversación para que ésta resulte lo más útil posible.

10, c. Trate de ocuparse del papeleo sólo una vez. Amontonar documentos puede resultar abrumador. Tenga un lugar para poner cada documento que llegue a sus manos, por ejemplo una carpeta, una bandeja, un revistero o un archivador para catálogos.

Preguntas frecuentes

¿Cuál es el mayor problema al que se enfrentan los ejecutivos a la hora de gestionar su tiempo?

No podrá gestionar su tiempo con éxito si no sabe en qué debe emplearlo. El principal problema al que se enfrentan los nuevos directivos es que, a menudo, no tienen claro cuáles son sus objetivos y sus prioridades. Eso hace que empleen sus horas en asuntos que no les competen o acepten realizar tareas que no están directamente relacionadas con sus metas. Para comprender mejor cómo debería emplear su tiempo, aclare con su superior sus objetivos y expectativas. Simultáneamente, comience a controlar cuánto tarda en llevar a cabo sus nuevas responsabilidades para, a medida que adquiera experiencia, poder calcular y planificar mejor su agenda.

¿A veces conviene retrasar las tareas importantes?
En ocasiones conviene retrasar una tarea hasta tener los recursos que necesita o la información clave. También es recomendable no trabajar en asuntos que requieren lucidez y claridad mental cuando se está disgustado, enfadado o cansado. Cuando decida retrasar una tarea importante, asegúrese de que su decisión no sea una excusa para postergarla.

¿Cómo aprender a decir no?
Una vez que haya determinado sus prioridades y haya establecido una agenda, decir que no le resultará más fácil. Sus prioridades le ayudarán a poner límites. En lugar de estar todo el día solucionando problemas a medida que éstos se presentan, asigne un período de tiempo diario para ocuparse de las cuestiones planteadas por sus subordinados. Salvo en casos de urgencia, ocúpese de todos esos temas en esos momentos establecidos. Sea disciplinado respecto a las reuniones y anime a sus subordinados a que reconozcan las cuestiones que pueden esperar y que las planteen durante las mismas.

Decir que no a sus superiores puede ser más complicado, pero puede utilizar las mismas técnicas. Explique claramente cuáles son sus prioridades y la importancia de su agenda. No siempre se puede decir que no, pero si se mantiene firme en cuanto a los límites, esas ocasiones serán menos frecuentes.

¿Qué sucede si es imposible calcular cuánto tardará en hacer algo?

Normalmente los problemas con los cálculos de tiempo se producen por la falta de experiencia. Sea cual sea la tarea que haya que realizar, hay que aplicar cierto nivel de gestión y cálculo del tiempo para controlar los costes de que resulte inviable. Algunos trabajos, como contratar a la persona correcta o realizar trabajos creativos, pueden parecer imposibles de calcular, pero comience por desglosarlos dejándose llevar por la intuición. Imagine cuántas personas tendrá que entrevistar y cuánto durará cada entrevista. Calcule siempre unos minutos adicionales, como los dedicados a comprobar referencias, revisar currículos, reescribir la descripción de un puesto de trabajo, etc. Una vez que haya dividido sus tareas en las partes que las componen, calcular el tiempo total requerido resultará más sencillo. También puede solicitar ayuda. Busque un colega que conozca bien el trabajo y pídale consejo. Cuanto mejores se vuelvan sus cálculos, mayores serán las posibilidades de alcanzar sus objetivos en el tiempo que haya establecido para ello.

Siempre me olvido de mis prioridades iniciales porque me veo atrapado por los asuntos cotidianos. ¿Qué puedo hacer para evitarlo?

Aferrarse a sus prioridades suele ser una cuestión de disciplina más que otra cosa. Si los demás le interrumpen constantemente, debe establecer algunas reglas básicas: pida que no le interrumpan cuando tenga «la puerta cerrada». Si sencillamente no dispone de suficiente tiempo durante el día, tiene que revisar sus asignaciones con su jefe y encontrar una solución alternativa. Un problema común suele ser sencillamente tener demasiadas cosas que hacer.

¿Qué debo hacer si estoy dedicando demasiadas horas a algo en lo que no soy muy bueno?

Depende. Siempre es más cómodo trabajar en cosas que uno hace bien. Pero no hay que olvidarse de los puntos débiles que le están impidiendo crecer o tener éxito profesional. La clave está en identificarlos y trabajar en ellos. Por ejemplo, un representante de ventas de mediana edad que se siente incómodo con las nuevas tecnologías probablemente tendrá que adaptarse y aprender a utilizar un ordenador si quiere estar al día.

Por otro lado, dedicar demasiadas horas a los puntos débiles que uno no se siente motivado a reforzar o que no suponen ningún obstáculo puede ser frustrante y desalentador. En esos casos, será mejor optimizar sus puntos fuertes. Tendrá que juzgar si merece la pena dedicar tiempo a determinadas actividades para desarrollar sus competencias o si prefiere delegarlas.

Términos clave

Actividades prioritarias ***(Priority activities)***
Asignación de tiempo real ***(Actual time allocation)***
Asignación de tiempo por objetivos ***(Target time allocation)***
Auditar el tiempo ***(Audit your time)***
Delegar ***(To delegate)***
Elaborar una agenda ***(Making a schedule)***
Espacios desorganizados ***(Disorganized work spaces)***
Gestionar el tiempo ***(Time management)***
Lista de asuntos pendientes ***(To-do list of tasks)***
Optimizar el tiempo ***(Time leveraging)***
Postergación ***(Procrastination)***
Reuniones improductivas ***(Inefficient meetings)***
Técnica del *time-boxing* ***(Time-Boxing method)***
Viabilidad del plan ***(Feasibility of your time plan)***
Visión global ***(Big picture)***

Para adquirir más información

Notas y artículos

Billington, Jim, «Fairly Timeless Insights on How to Manage Your Time», *Harvard Management Update*, febrero de 1997.

Hay demasiada literatura sobre gestión del tiempo que se centra en cómo trabajar más deprisa, en cómo gestionar una lista de cosas por hacer. En cambio, los ejecutivos deberían tener una visión general de la situación para ver dónde encaja su proyecto. Sólo habría que realizar aquel trabajo que sea absolutamente necesario, y debería evitarse cualquier urgencia: solucionar poblemas, atender llamadas, escribir notas imprevistas y asistir a reuniones innecesarias que pueden consumir el día de un directivo sin añadir ningún valor real. El objetivo de la gestión del tiempo es permitir que la gente dedique la mayor parte de sus horas a trabajar en lo que realmente es importante, aunque no sea urgente. Trabajo y ocio deberían regirse ambos por esta misma filosofía, porque al combinar la excelencia en el trabajo con la relajación, nuestras vidas resultan más saludables y mucho más creativas. Se incluye una lista de consejos prácticos para aumentar la eficacia.

Kotter, John P., «What Effective General Managers Really Do», *Harvard Business Review* OnPoint Enhanced

Edition. Boston: Harvard Business School Publishing, 2000.

Controlar su tiempo y saber estructurar bien su agenda le puede ayudar a mejorar su productividad. Pero, como explica Kotter, excederse *demasiado* en ese sentido puede obstaculizar su eficacia. Los ejecutivos que limitan sus interacciones a reuniones bien preparadas y centradas se privan de información y relaciones vitales.

Kotter demuestra que algunas actividades aparentemente anodinas como charlar en los pasillos y mantener conversaciones y reuniones espontáneas pueden resultar enormemente productivas. ¿La clave para aprovechar esas oportunidades? Desarrollar agendas flexibles y amplias redes de relaciones. Debe tener un marco que guíe sus decisiones, pero que le permita interactuar con su entorno.

Lancaster, Hal, «Time Management Takes Planning in the Real World», *The Wall Street Journal*, 19 de agosto de 1997.

Este artículo analiza por qué han fallado los sistemas de gestión del tiempo tradicionales. El autor describe cómo muchos de ellos no tienen en cuenta los obstáculos del mundo real. Compila su propia lista de trabas y posibles soluciones.

Moore, Dwight, «Managing Message Overload», *Harvard Management Update*, noviembre de 1999.

¿Desbordado por un aluvión de mensajes? Moore, psicólogo industrial, explica cómo reordenar sus prioridades y gestionar de manera más efectiva los abundantes mensajes que llegan a sus manos durante un día cualquiera de trabajo.

Oncken, William, Jr. y Donald L.Wass, «Management Time: Who's Got the Monkey?», *Harvard Business Review* OnPoint Enhanced Edition. Boston: Harvard Business School Publishing, 2000.

Muchos ejecutivos se sienten sobrepasados por los problemas y las responsabilidades. Con mucha frecuencia se quejan de que no tienen tiempo para realizar su trabajo, mientras sus subordinados parecen no tener nada que hacer. Ése es el fenómeno frecuente descrito por el difunto William Oncken, Jr. y Donald L.Wass en este clásico de 1974. Este artículo describe cómo el ejecutivo puede invertir el fenómeno y delegar de manera eficaz. En el comentario que lo acompaña, Stephen R. Covey trata sobre la actualidad de este mensaje y sobre cómo han avanzado las teorías sobre la gestión del tiempo.

Peters, Thomas J., «Leadership: Sad Facts and Silver Linings», *Harvard Business Review* OnPoint Enhanced Edition. Boston: Harvard Business School Publishing, 2001.

Peters sugiere que los contratiempos de la vida empresarial pueden ser convertidos en oportunidades para comunicar valores y para convencer. La naturaleza fragmentada del día a día del ejecutivo puede crear también una sucesión de oportunidades para abordar pequeñas partes del conjunto de problemas. La fragmentación es precisamente lo que permite a un ejecutivo el ajuste fino, probar y volver a comprobar las señales estratégicas que son enviadas a la compañía. Peters propone que el líder debe acostumbrarse a controlar el proceso haciéndolo avanzar en la dirección deseada.

Sandberg, Kirsten D., «The Case for Slack: Building 'Incubation Time' into Your Week», *Harvard Management Update*, junio de 2001.

Las empresas se esfuerzan constantemente por acabar con los tiempos muertos en sus procesos, pero este celo por racionalizar las operaciones ha provocado que muchas compañías recorten también los momenos necesarios para pensar. En una época de plazos de entrega muy rápidos —y de márgenes aún más estrechos—, ¿cómo se pueden encontrar los ratos de reflexión que los trabajadores de su empresa necesitan para generar ideas y estrategias brillantes? Ejecutivos del mundo real y varios académicos comentan el valor del tiempo muerto y ofrecen consejos sobre cómo adaptar este nuevo activo esencial en su empresa.

Stauffer, David, «Making Sense of Your Time Bind, and Escaping It», *Harvard Management Update*, agosto de 1997.

El autor se centra en las maneras de gestionar el tiempo. Utilizando estudios actuales, identifica consejos prácticos específicos para establecer metas, así como para gestionar y programar el tiempo.

Von Hoffman, Constantine, «Getting Organized», *Harvard Management Update*, enero de 1998.

Aunque no existe ningún método perfecto para organizarse, este artículo presenta algunas técnicas clásicas útiles para mantener a raya su desorganización. Aprendiendo a gestionar el espacio, organizar la agenda en colaboración con otras personas, establecer prioridades en su lista de tareas pendientes y archivar correctamente las cosas para que estén siempre a mano, los ejecutivos pueden reducir los cientos de horas que se pierden cada año buscando cosas perdidas.

Libros

Ferner, Jack D., *Successful Time Management: A Self-Teaching Guide*, John Wiley & Sons, Nueva York, 1995.

Este libro proporciona una amplia visión de los principios de la gestión del tiempo. El autor mantiene que se trata de un proceso que implica análisis, planificación y compromiso. Incluye ejercicios y referencias que pueden incorporarse a las situaciones profesionales y personales cotidianas para ayudarle a gestionar su tiempo con éxito.

Morgenstern, Julie, *Time Management from the Inside Out: The Foolproof System for Taking Control of Your Schedule and Your Life*, Henry Holt, Nueva York, 2000.

Aquellos que temen la «gestión del tiempo» —porque no les gusta llevar una vida programada en exceso que deja poco margen a la creatividad— se sentirán aliviados por la capacidad de Morgenstern de adaptar su sistema a las necesidades individuales. Lo más importante que deben hacer los lectores, afirma la autora, es crear un sistema de gestión del tiempo que se ajuste al estilo personal de cada uno, ya sea éste espontáneo y con facilidad para distraerse o altamente meticuloso y eficiente.

Oncken, William, Jr., Hal Burrows, Kenneth Blanchard, *The One Minute Manager Meets the Monkey*, Quill, 1991.

El mensaje de este libro es claro: deje que sus subordinados se ocupen de las tareas que pueden y deben hacer. Confíe en ellos y fórmelos, pero no haga usted los trabajos que les corresponde hacer a ellos.

Fuentes de consulta

Deseamos dejar constancia de las personas y fuentes que nos han ayudado a desarrollar este tema:

Elaine Biech, *The Consultant's Quick Start Guide.*
Sandy Block, the Clutter Cutter.
Beth Chapman, directora de contratación, Health Care Consulting Services Group, McKesson Corp.
Elisabeth Choi, analista financiera.
Melissa Raffoni, directora gerente, Professional Skills Alliance, Boston, Massachusetts.
Michael Rothman, desarrollador de software.
Peter y Laura Wakeman, propietarios de Great Harvest Bread Company.

Covey, Stephen R., Roger Merrill y Rebecca R. Merrill, *First Things First: To Live, to Love, to Learn, to Leave a Legacy*, Simon & Schuster, Nueva York, 1995.
Oncken, William Jr., *Managing Management Time: Who's Got the Monkey?*, Prentice Hall Trade, Nueva York, 1987.

Temme, Jim, *Productivity Power: 250 Great Ideas for Being More Productive*, Mission, KS: SkillPath Publications, Inc., 1993.

MacKenzie, Alex, *The Time Trap*, AMACOM, Nueva York, 1997.

Raffoni, Melissa, «Got a Need for Speed? What You Can Learn from Rapid Application Development», *Harvard Management Update*, noviembre de 2000.

—, «How to Be Sure You're Spending Your Time in the Right Places», *Harvard Management Update*, octubre de 2001.

Notas